ARCHERY
Score Book

Archery Journal

Archery
Score Book

Inclued : .Sheet Score,

.Material Type,
.Material Inventory,
.Shop List

This Book Belong to :

Material Type

Type Bows : ....

Bow Size : ....

Bow Power : ....

Bowstring : ....

Arrow Type : ....

Arrow Size : ....

Arrow diameter : ....

.... : ....

.... : ....

.... : ....

Notes

....

....

....

....

....

Sheet Score

DATE [ ] **DISTANCE(m)** [ ] **TARGET FACE (cm)** [ ]

TEAM [ ] **TOURNAMENT** [ ]

ROUND	ARROW 1	2	3	4	5	6	TOTAL

NOTES

Notes

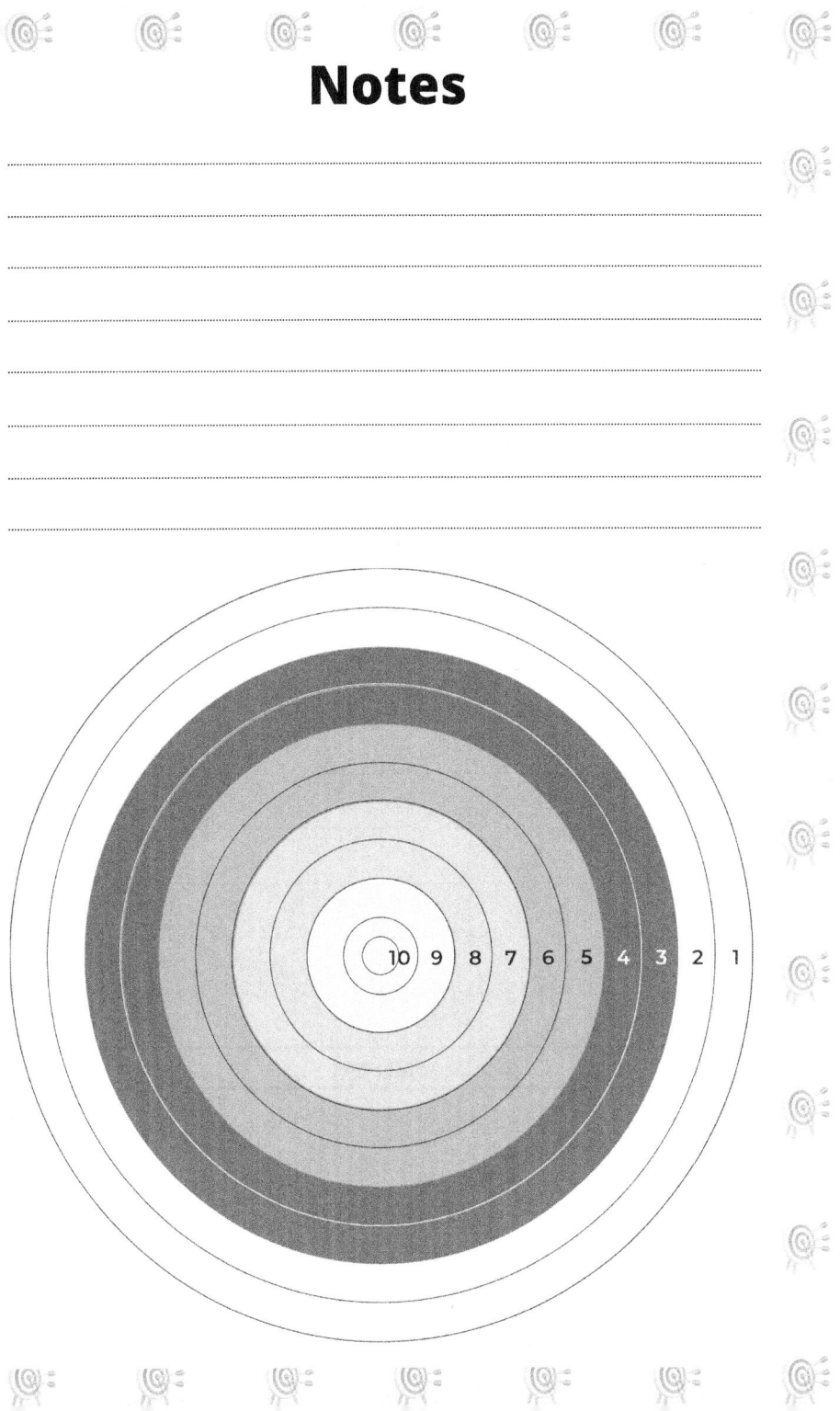

Sheet Score

DATE   **DISTANCE(m)**   **TARGET FACE (cm)**

TEAM   **TOURNAMENT**

ROUND	_____ ARROW _____						TOTAL
	1	2	3	4	5	6	

NOTES

Notes

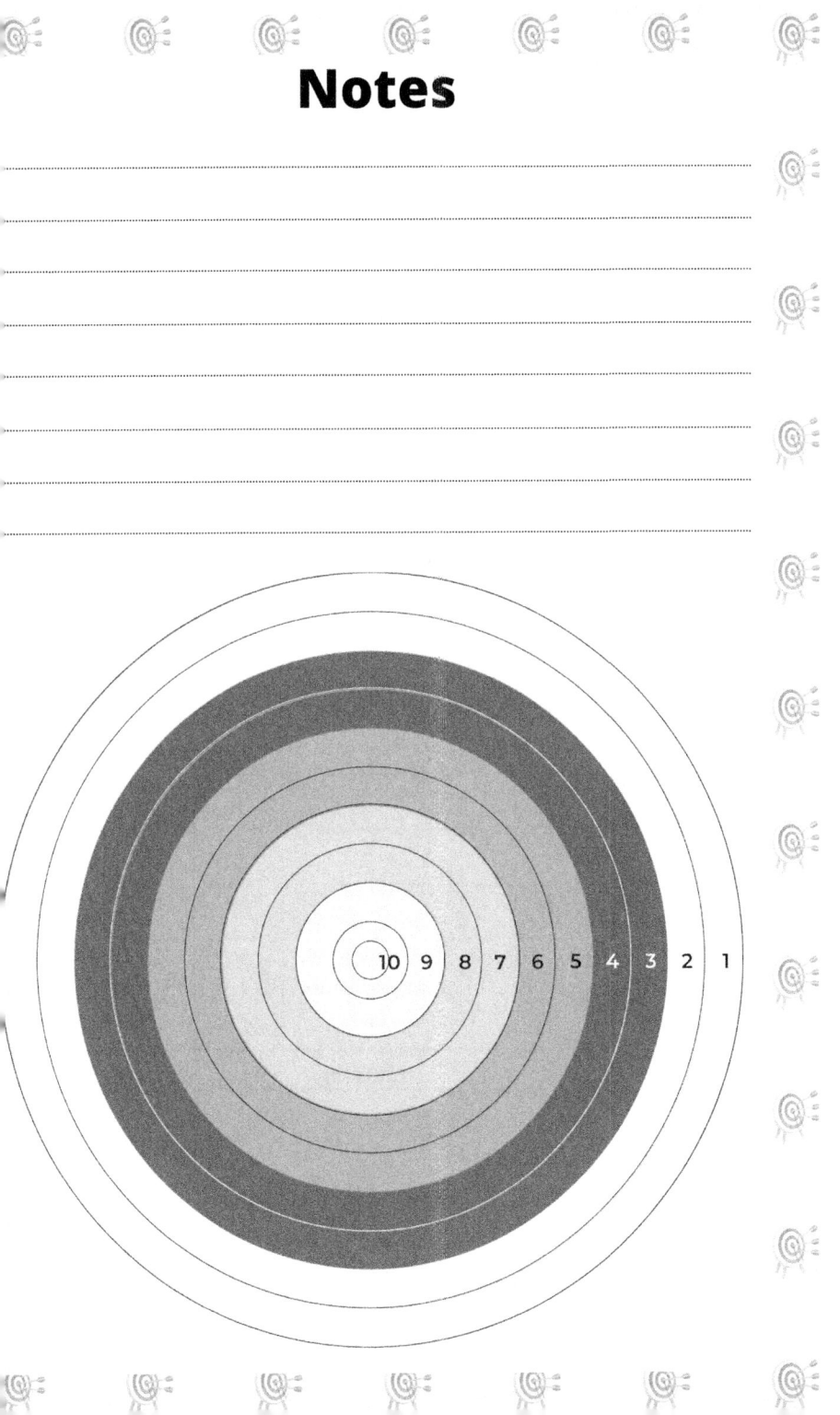

Sheet Score

DATE   **DISTANCE(m)**   **TARGET FACE (cm)**

TEAM   **TOURNAMENT**

ROUND	ARROW 1	2	3	4	5	6	TOTAL

NOTES

Notes

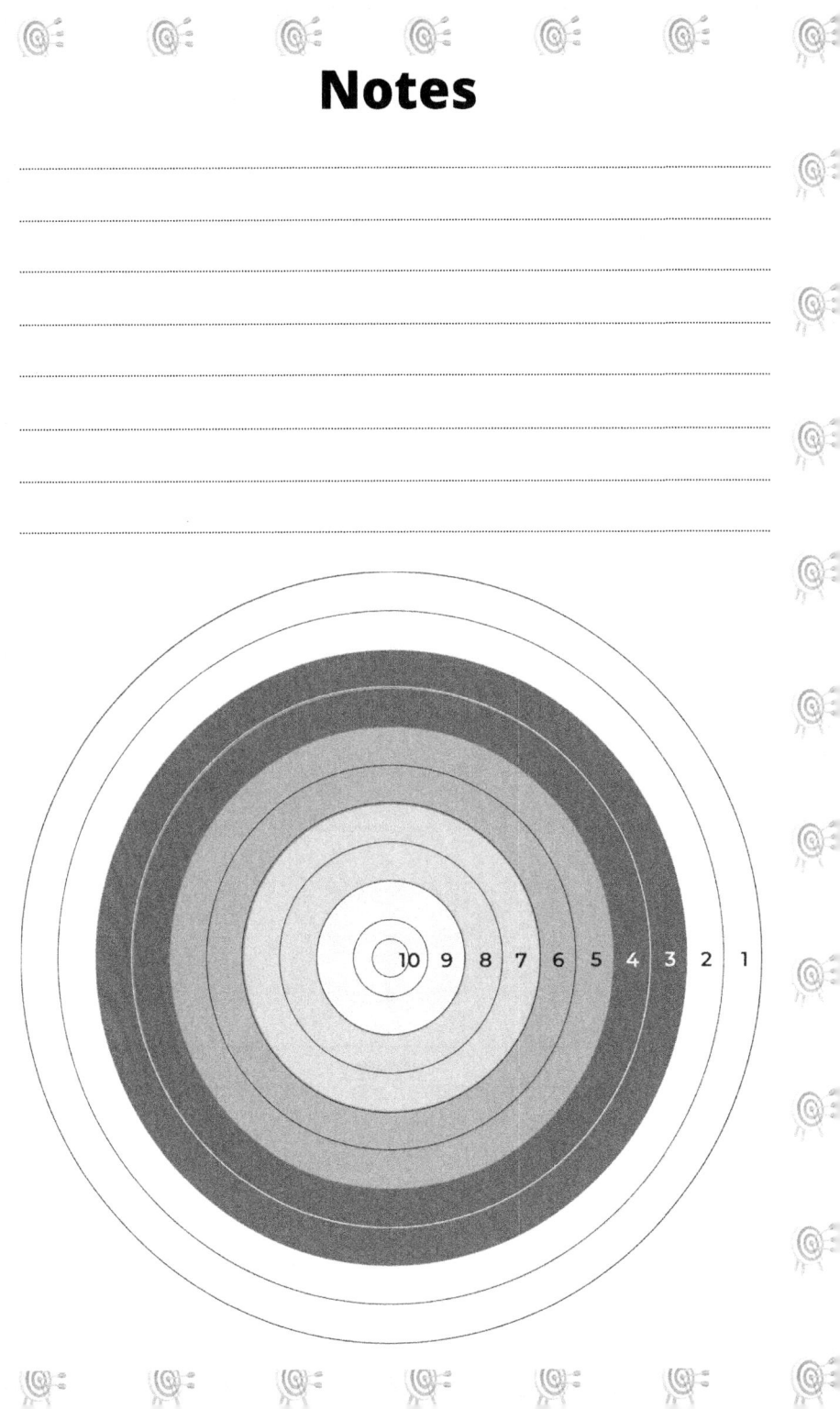

Sheet Score

DATE | **DISTANCE(m)** | **TARGET FACE (cm)**

TEAM | **TOURNAMENT**

ROUND	ARROW						TOTAL
	1	2	3	4	5	6	

NOTES

Notes

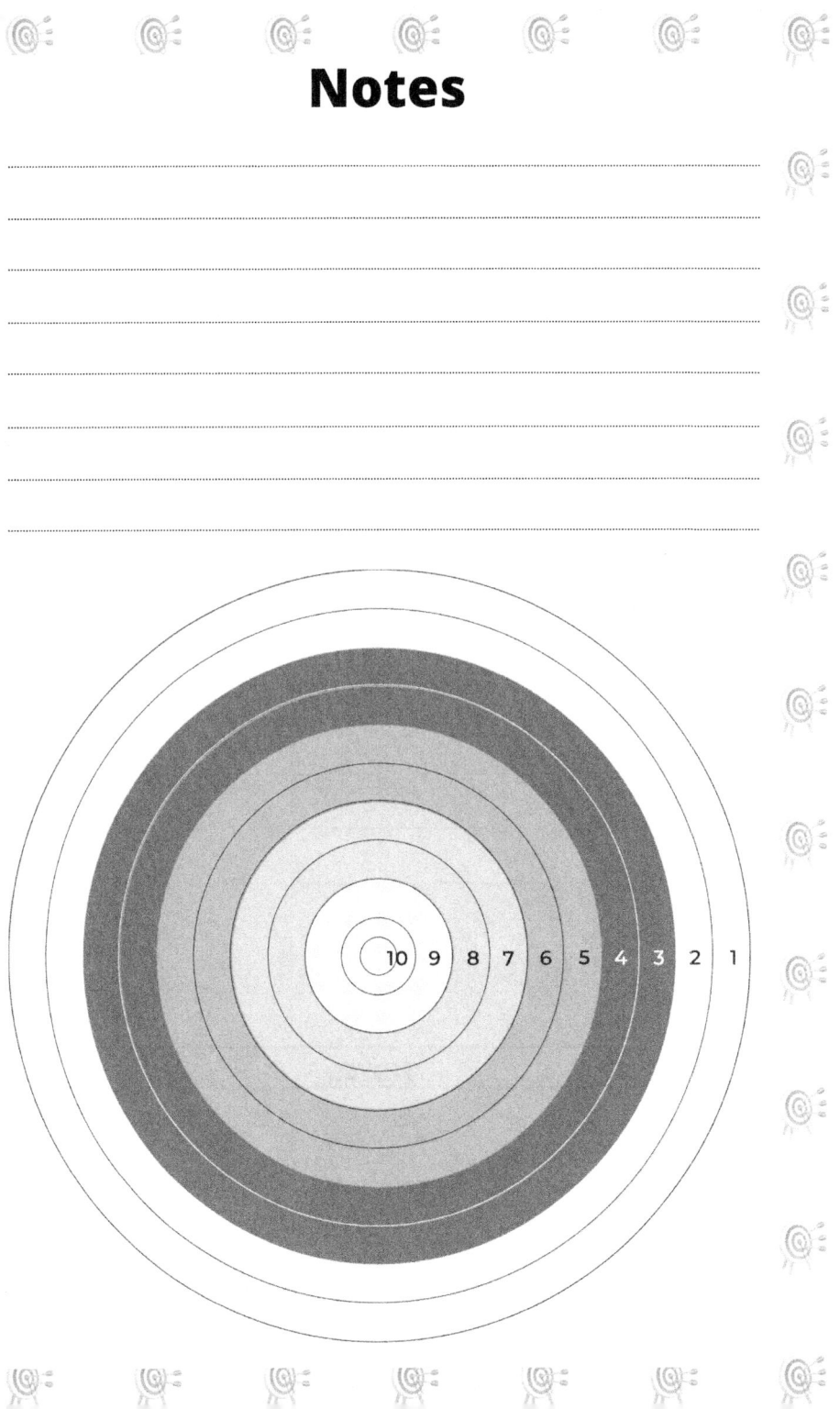

Sheet Score

DATE | **DISTANCE(m)** | **TARGET FACE (cm)**

TEAM | **TOURNAMENT**

ROUND	ARROW 1	2	3	4	5	6	TOTAL

NOTES

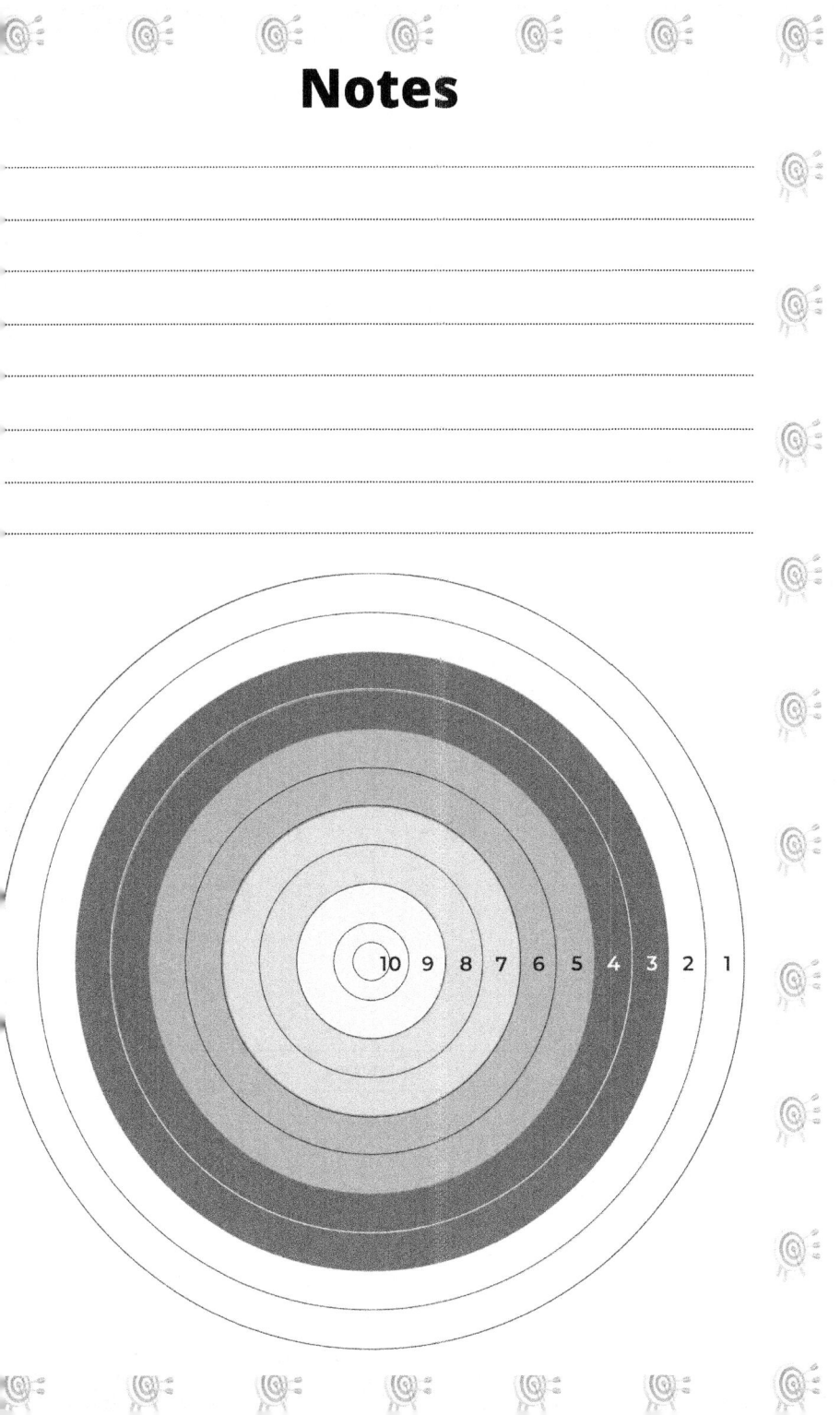

Notes

Sheet Score

DATE   **DISTANCE(m)**   **TARGET FACE (cm)**

TEAM   **TOURNAMENT**

ROUND	\multicolumn{6}{c	}{ARROW}	TOTAL
	1	2	3	4	5	6	

NOTES

Notes

....

....

....

....

....

....

....

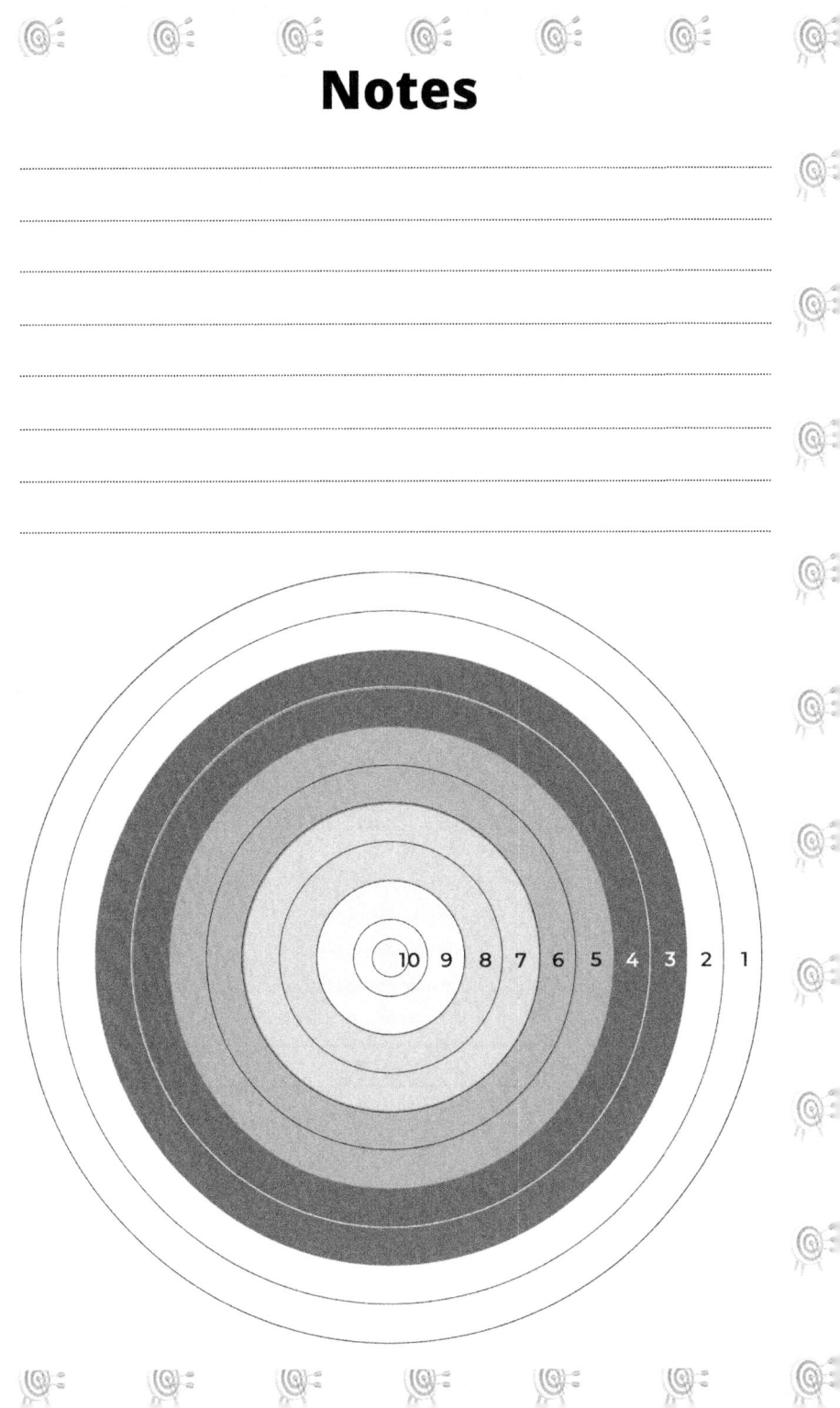

Sheet Score

DATE | **DISTANCE(m)** | **TARGET FACE (cm)**

TEAM | **TOURNAMENT**

ROUND	ARROW						TOTAL
	1	2	3	4	5	6	

NOTES

Notes

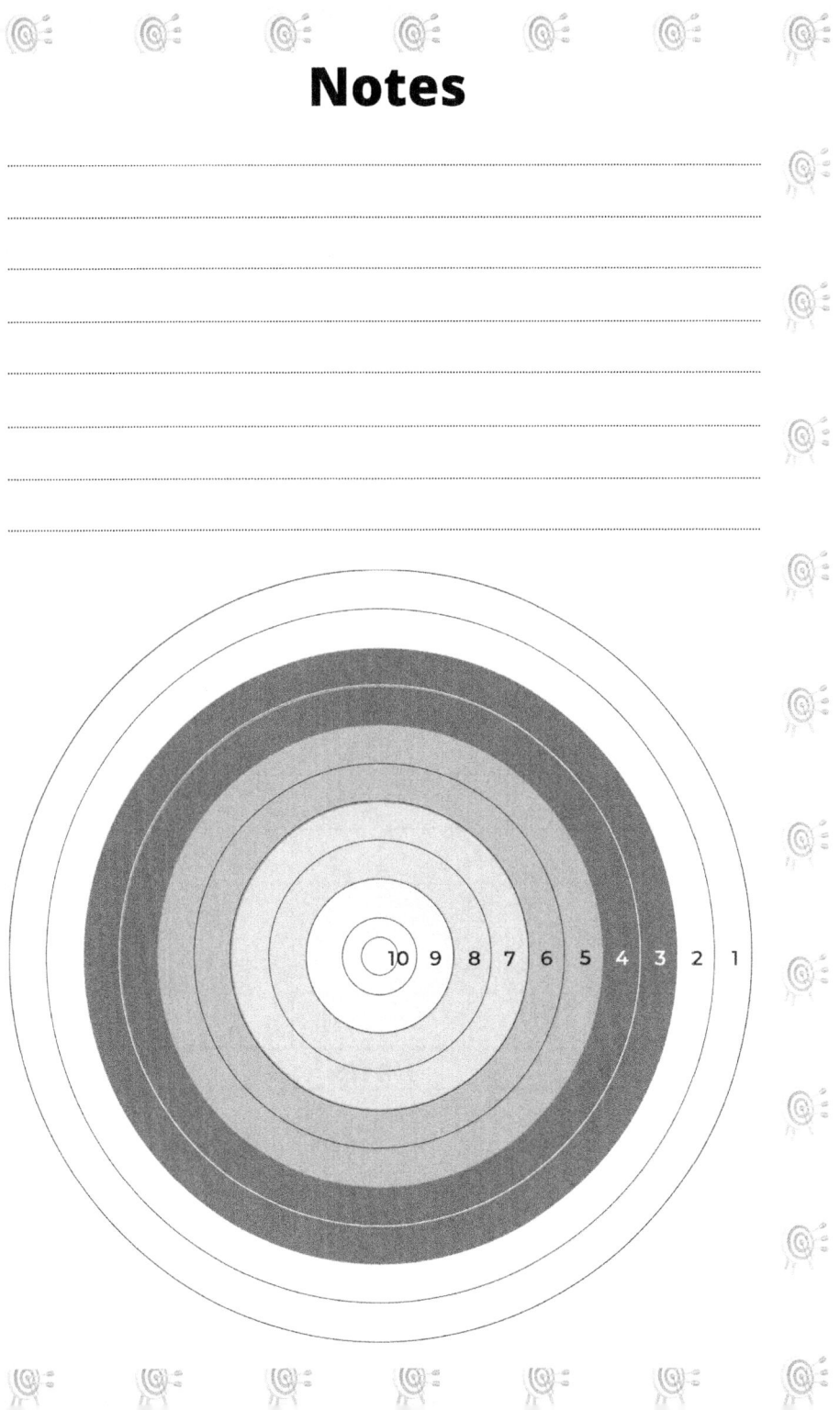

Sheet Score

DATE _____ **DISTANCE(m)** _____ **TARGET FACE (cm)** _____

TEAM _____ **TOURNAMENT** _____

ROUND	ARROW 1	2	3	4	5	6	TOTAL

NOTES

Notes

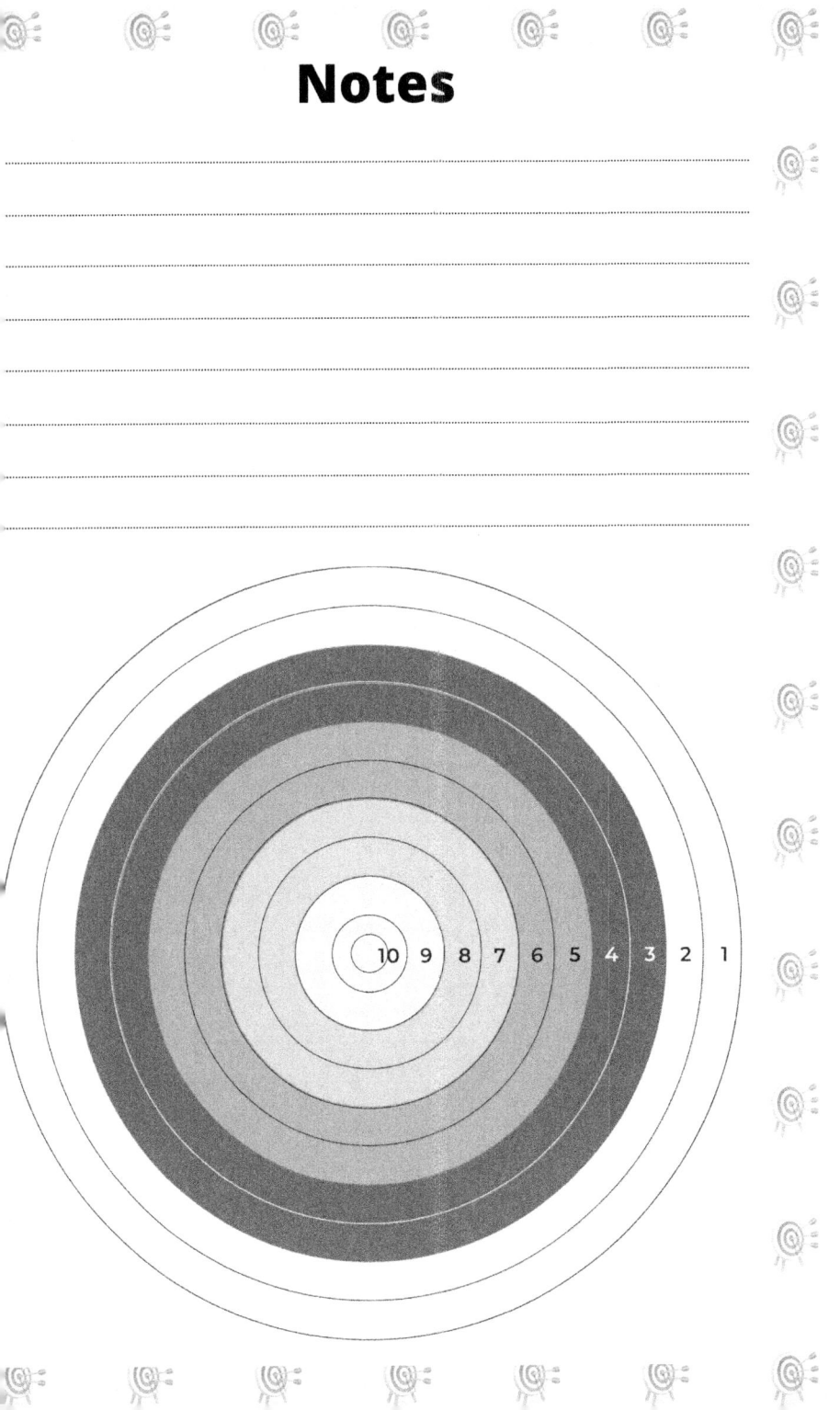

Sheet Score

DATE _____ **DISTANCE(m)** _____ **TARGET FACE (cm)** _____

TEAM _____ **TOURNAMENT** _____

ROUND	ARROW 1	2	3	4	5	6	TOTAL

NOTES

Notes

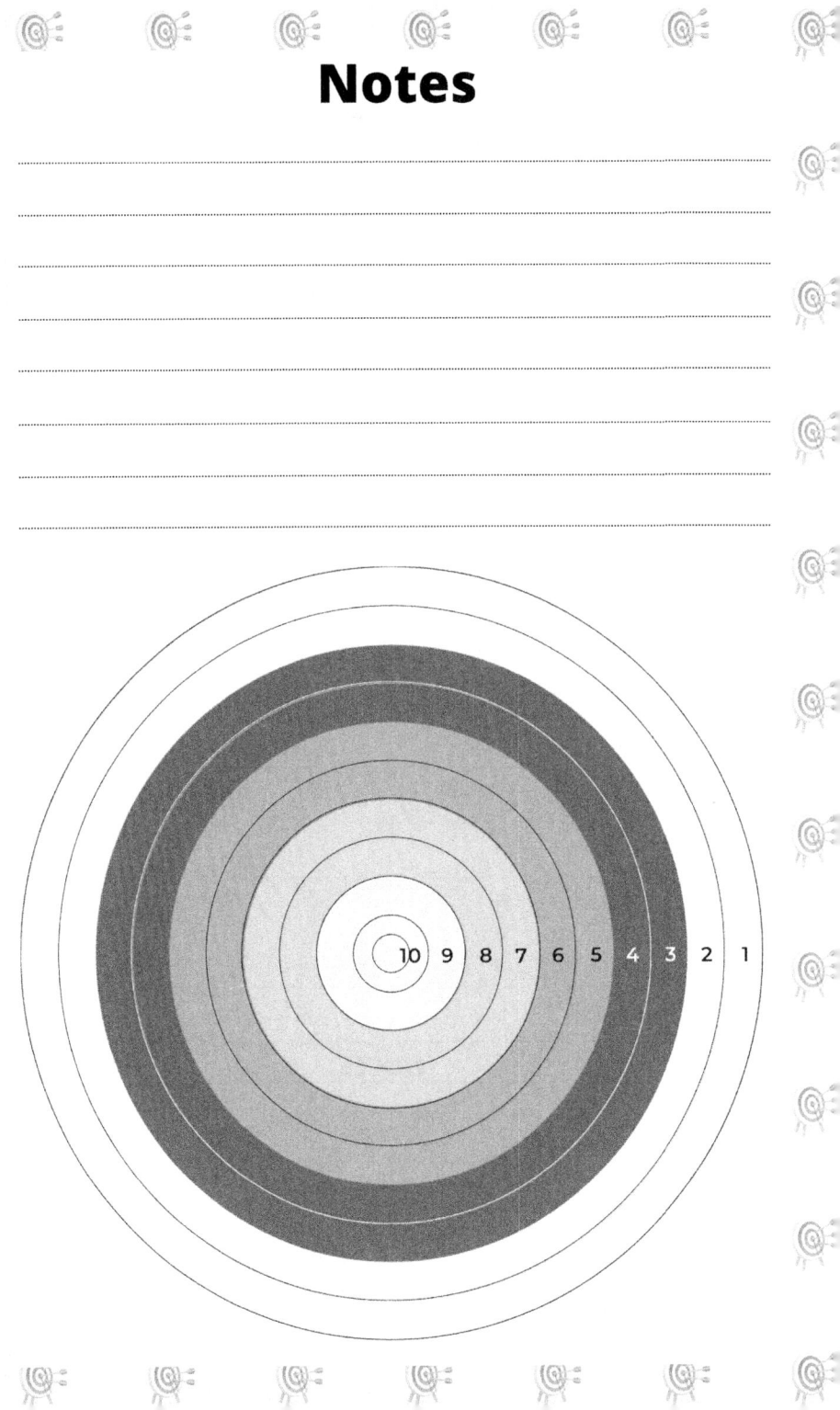

Sheet Score

DATE | **DISTANCE(m)** | **TARGET FACE (cm)**

TEAM | **TOURNAMENT**

ROUND	ARROW						TOTAL
	1	2	3	4	5	6	

NOTES

Notes

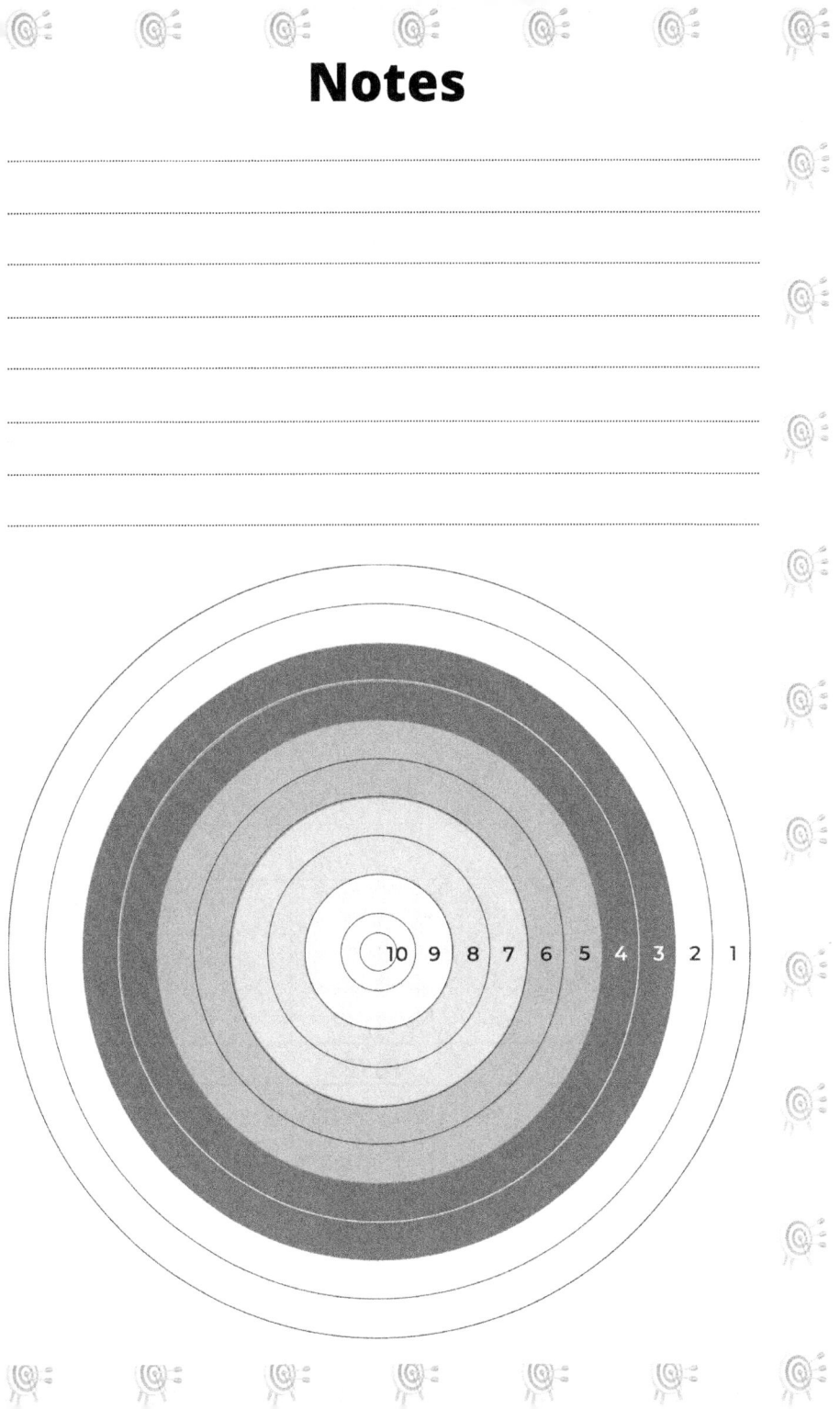

Sheet Score

DATE **DISTANCE(m)** **TARGET FACE (cm)**

TEAM **TOURNAMENT**

ROUND	ARROW 1	2	3	4	5	6	TOTAL

NOTES

Notes

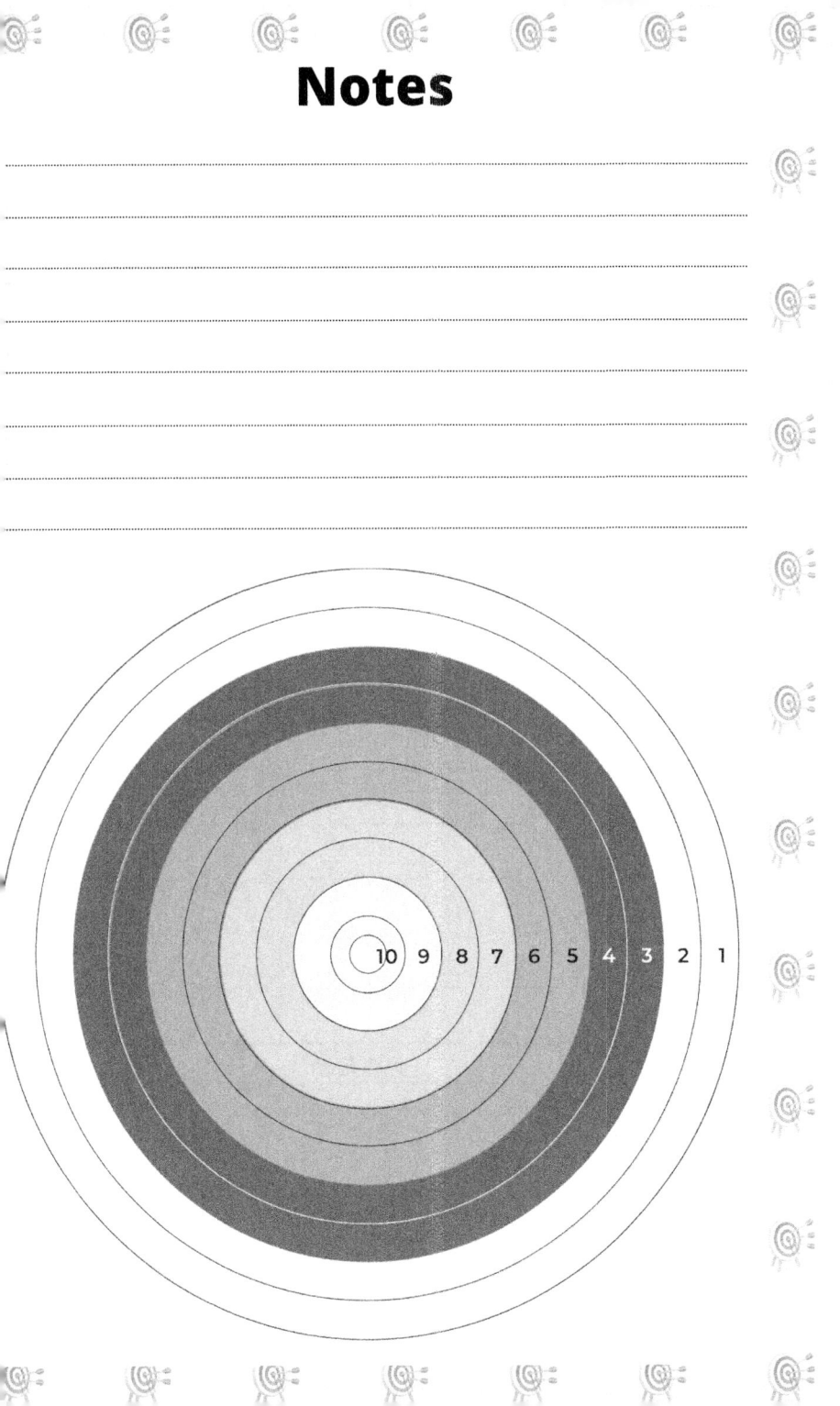

Sheet Score

DATE | **DISTANCE(m)** | **TARGET FACE (cm)**

TEAM | **TOURNAMENT**

ROUND	ARROW 1	2	3	4	5	6	TOTAL

NOTES

Notes

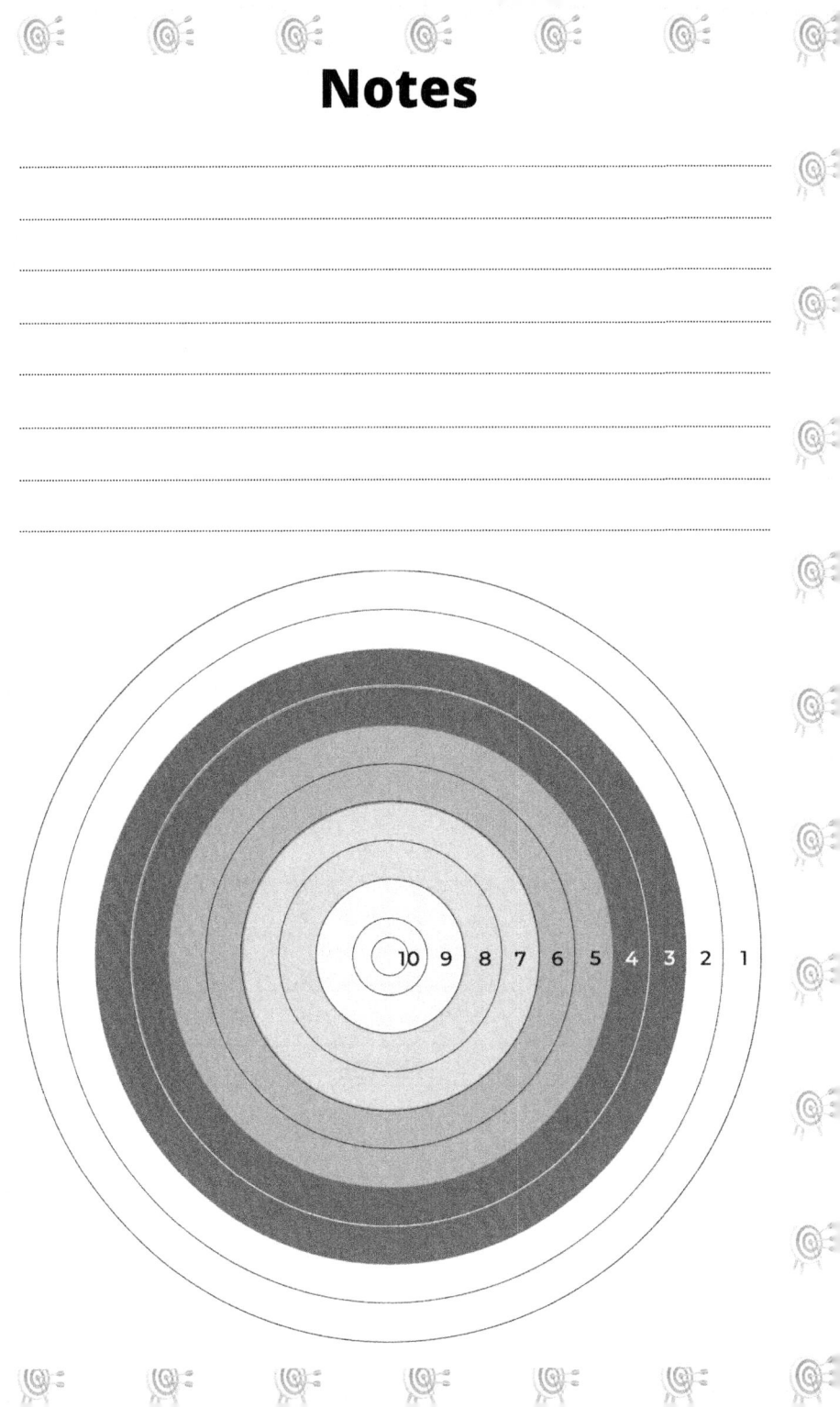

Sheet Score

DATE | **DISTANCE(m)** | **TARGET FACE (cm)**

TEAM | **TOURNAMENT**

ROUND	ARROW						TOTAL
	1	2	3	4	5	6	

NOTES

Notes

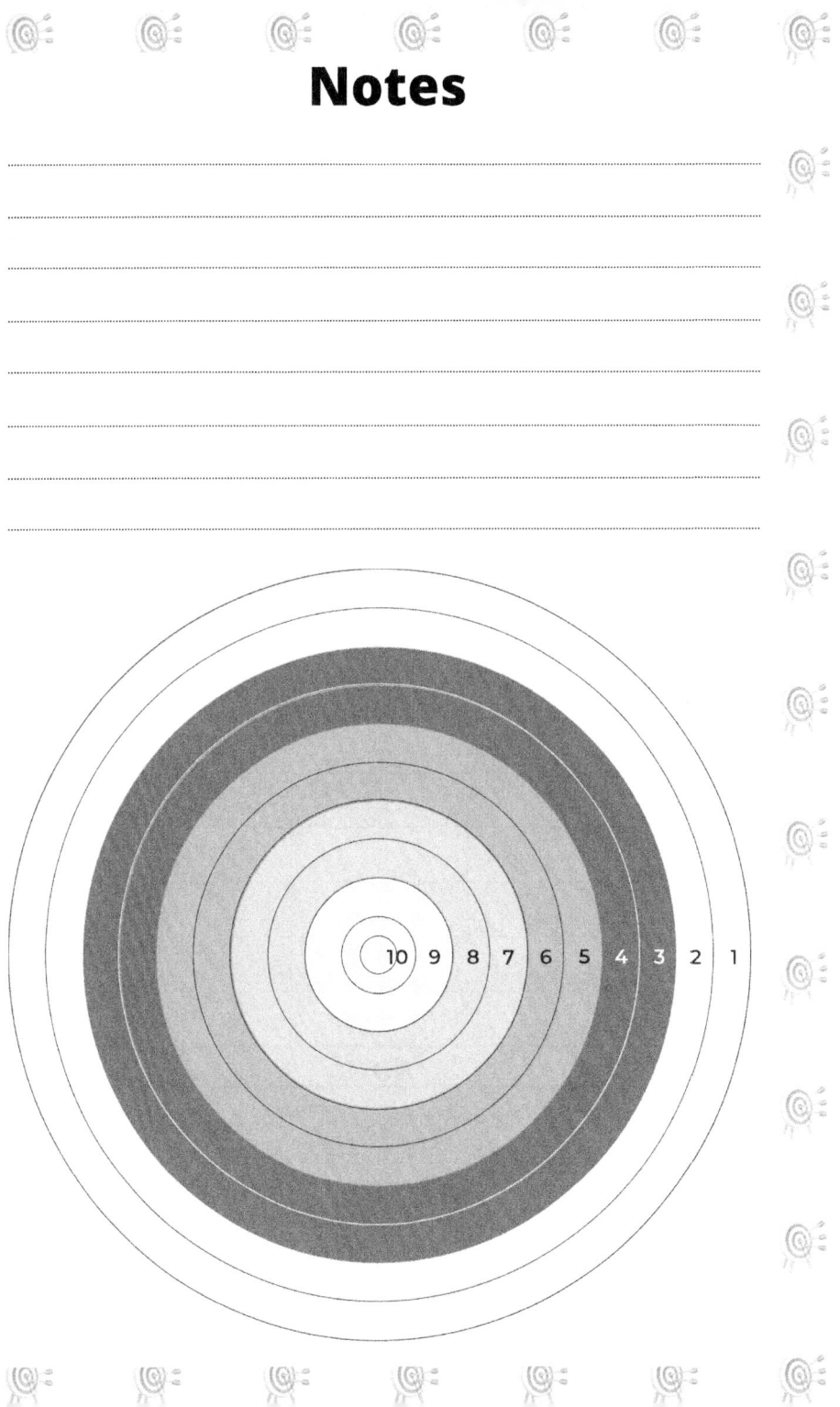

Sheet Score

DATE | **DISTANCE(m)** | **TARGET FACE (cm)**

TEAM | **TOURNAMENT**

ROUND	ARROW						TOTAL
	1	2	3	4	5	6	

NOTES

Notes

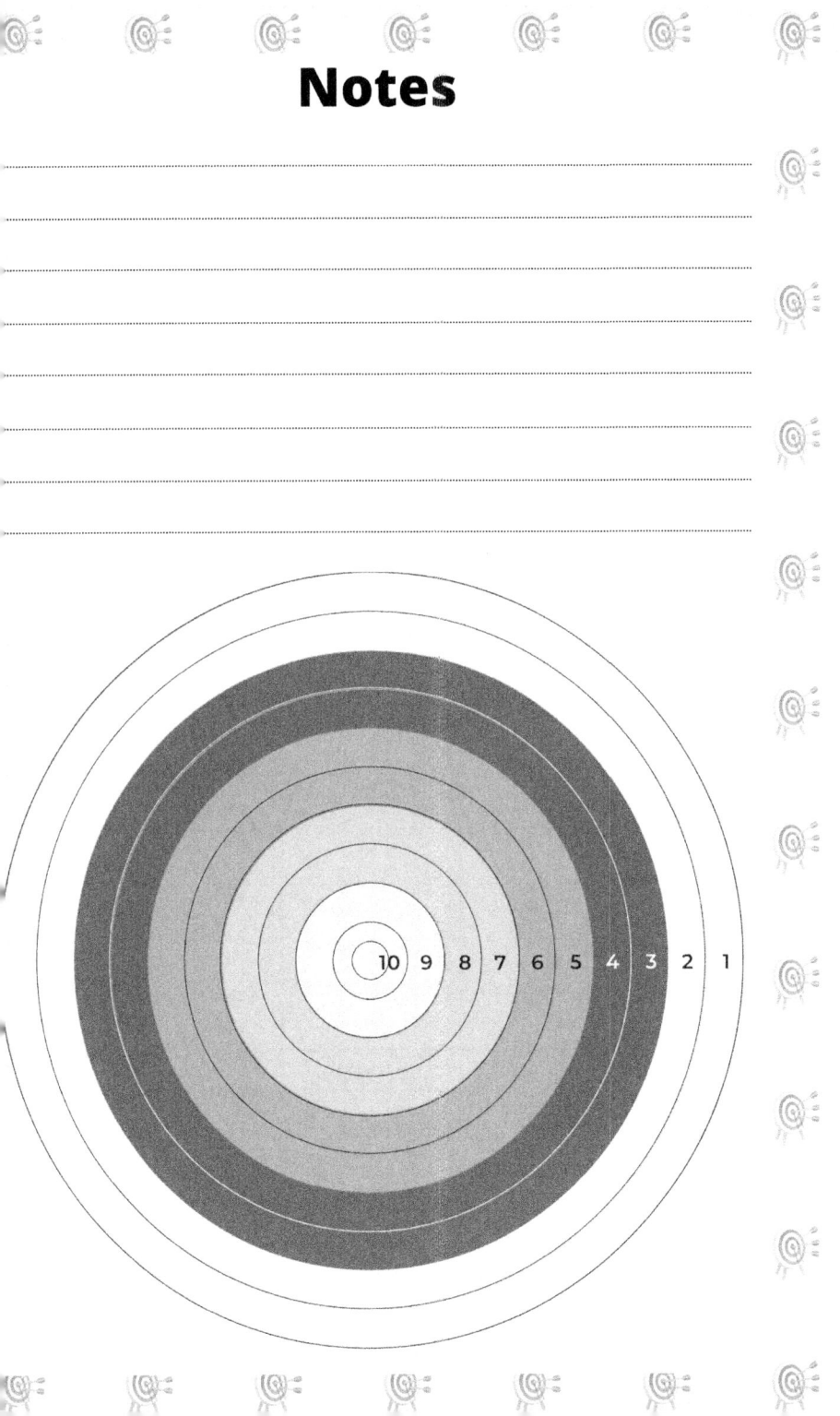

Sheet Score

DATE   **DISTANCE(m)**   **TARGET FACE (cm)**

TEAM   **TOURNAMENT**

ROUND	\multicolumn{6}{c	}{ARROW}	TOTAL
	1	2	3	4	5	6	

NOTES

Notes

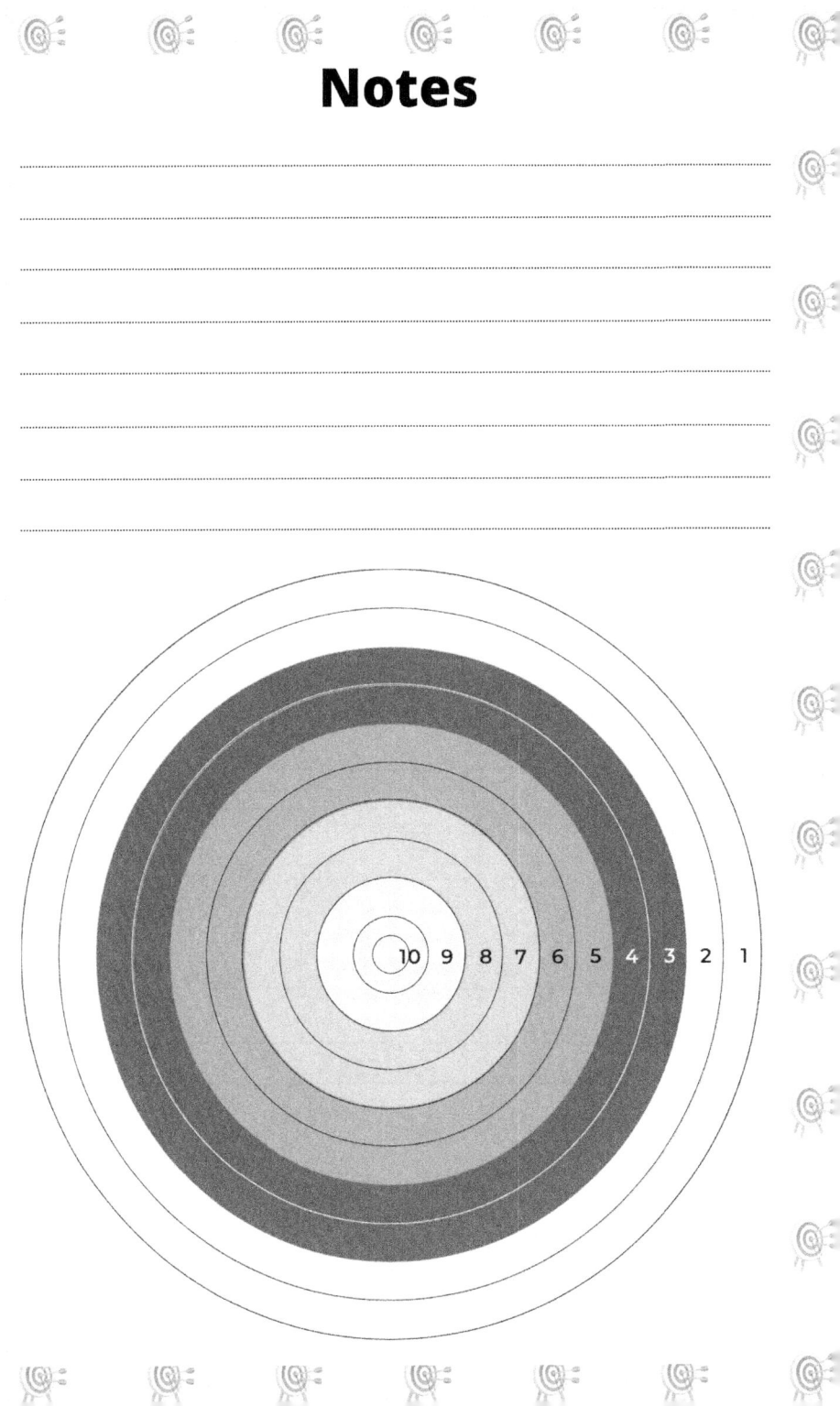

Sheet Score

DATE [ ] **DISTANCE(m)** [ ] **TARGET FACE (cm)** [ ]

TEAM [ ] **TOURNAMENT** [ ]

ROUND	ARROW 1	2	3	4	5	6	TOTAL

NOTES

Notes

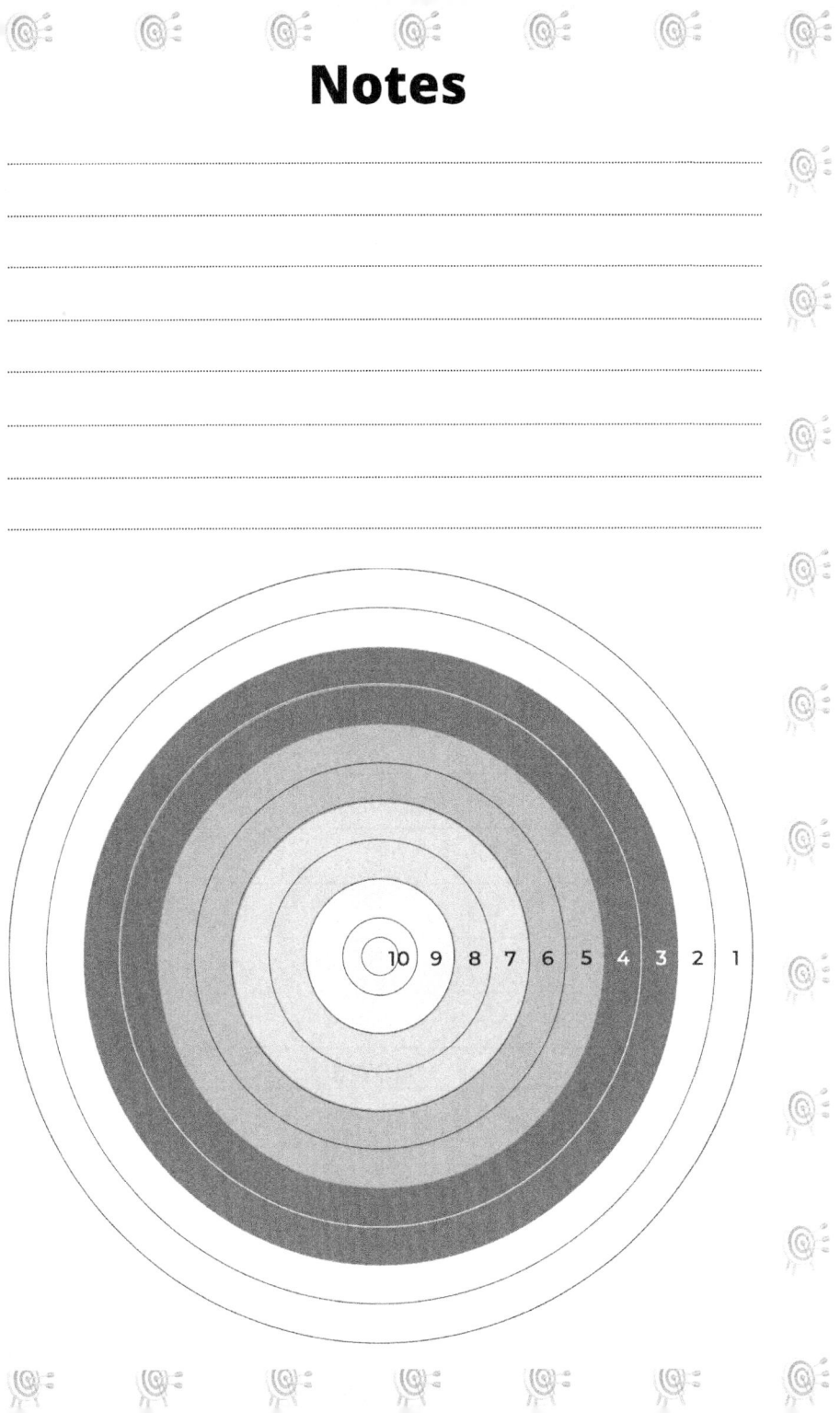

Sheet Score

DATE **DISTANCE(m)** **TARGET FACE (cm)**

TEAM **TOURNAMENT**

ROUND	ARROW						TOTAL
	1	2	3	4	5	6	

NOTES

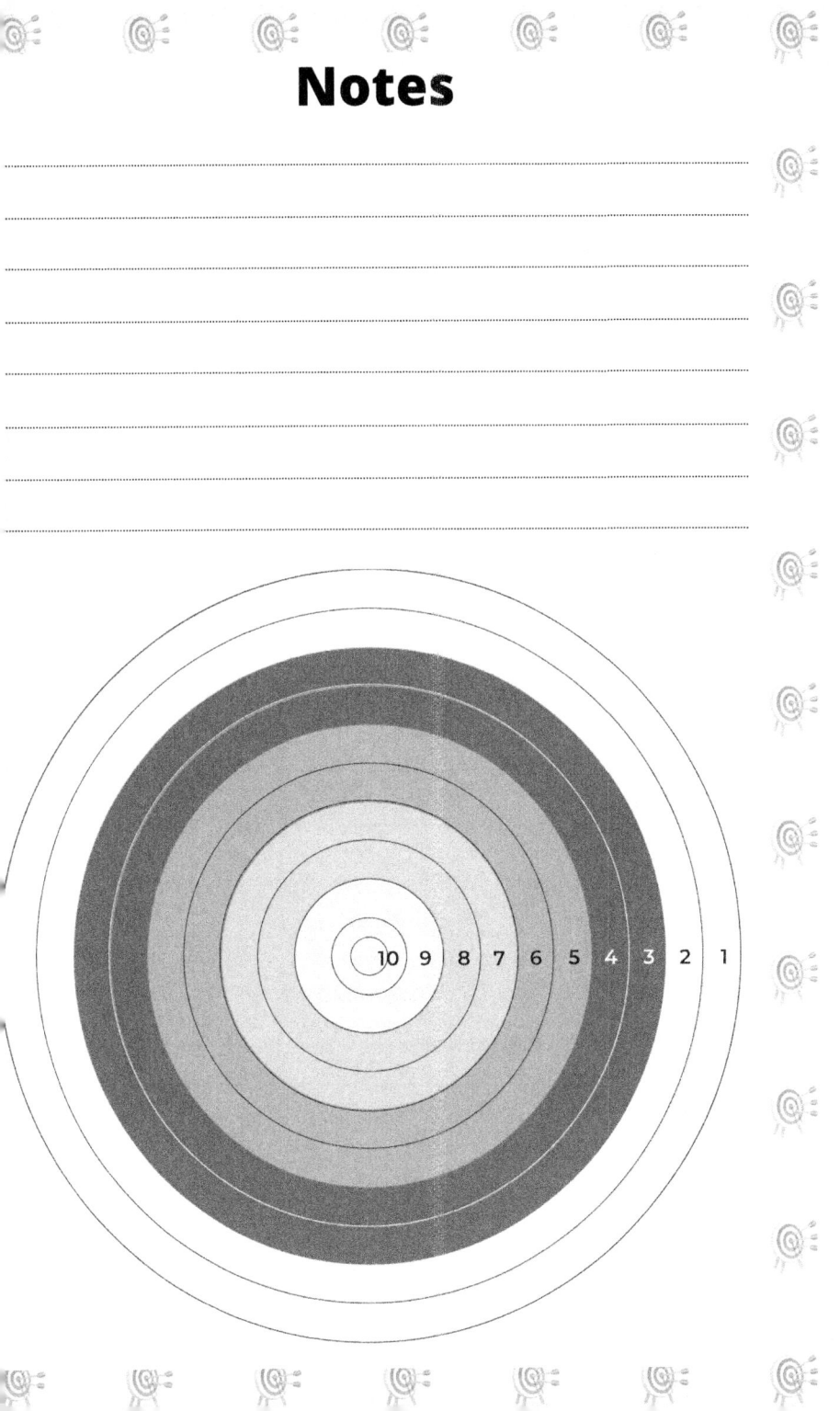

Notes

Sheet Score

DATE ☐ **DISTANCE(m)** ☐ **TARGET FACE (cm)** ☐

TEAM ☐ **TOURNAMENT** ☐

ROUND	ARROW						TOTAL
	1	2	3	4	5	6	

NOTES

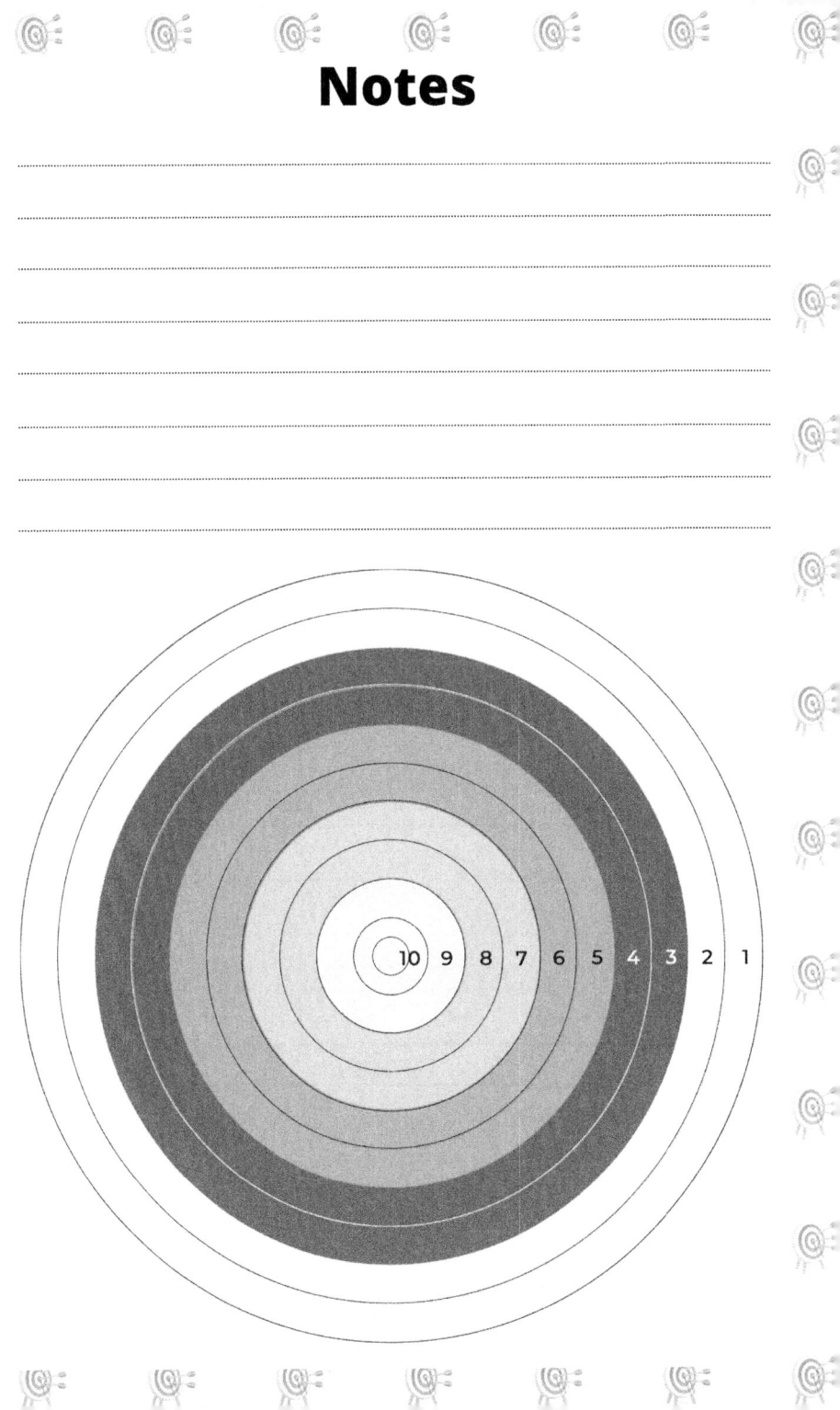

Notes

Sheet Score

DATE | **DISTANCE(m)** | **TARGET FACE (cm)**

TEAM | **TOURNAMENT**

ROUND	ARROW						TOTAL
	1	2	3	4	5	6	

NOTES

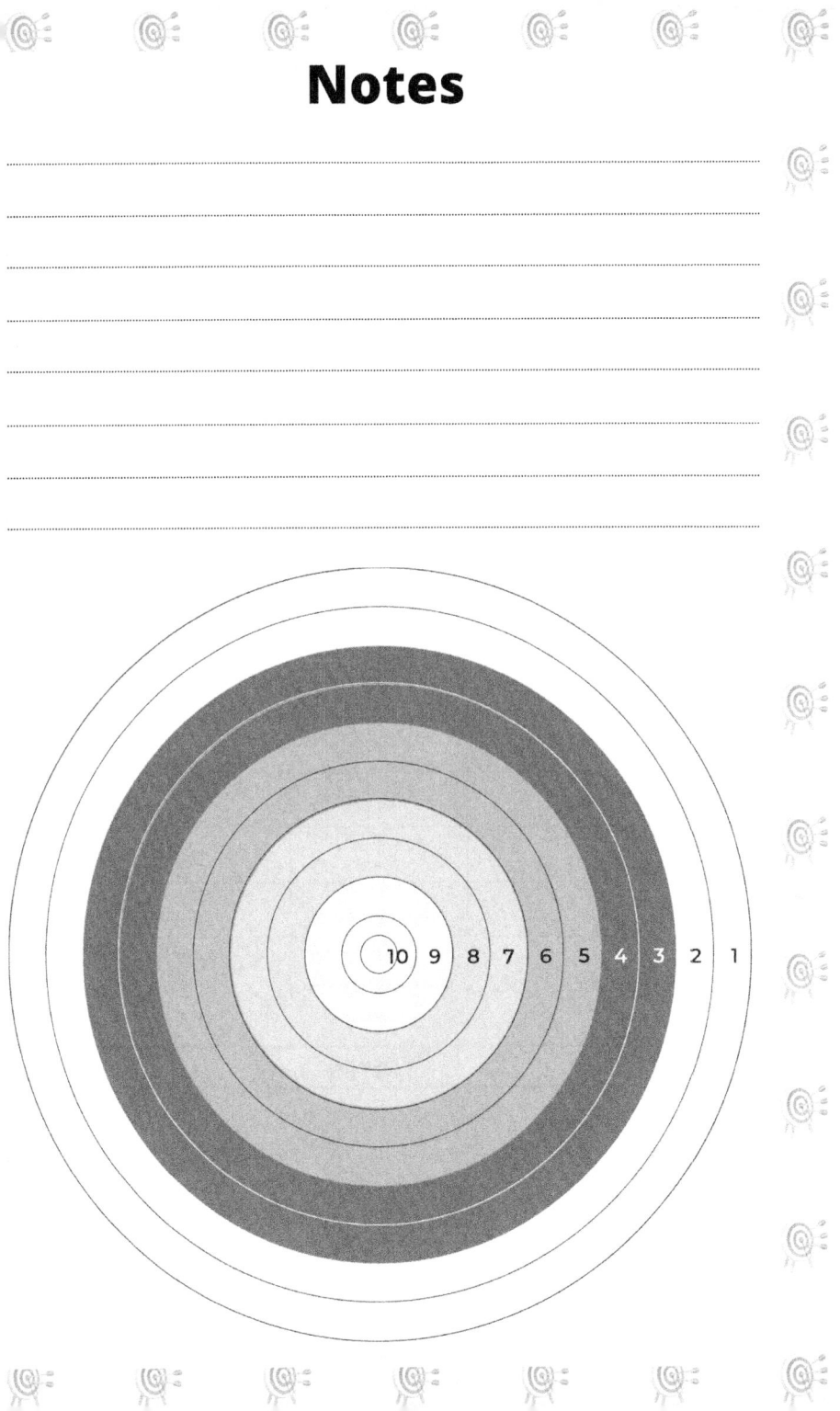

Notes

Sheet Score

DATE | **DISTANCE(m)** | **TARGET FACE (cm)**

TEAM | **TOURNAMENT**

ROUND	ARROW						TOTAL
	1	2	3	4	5	6	

NOTES

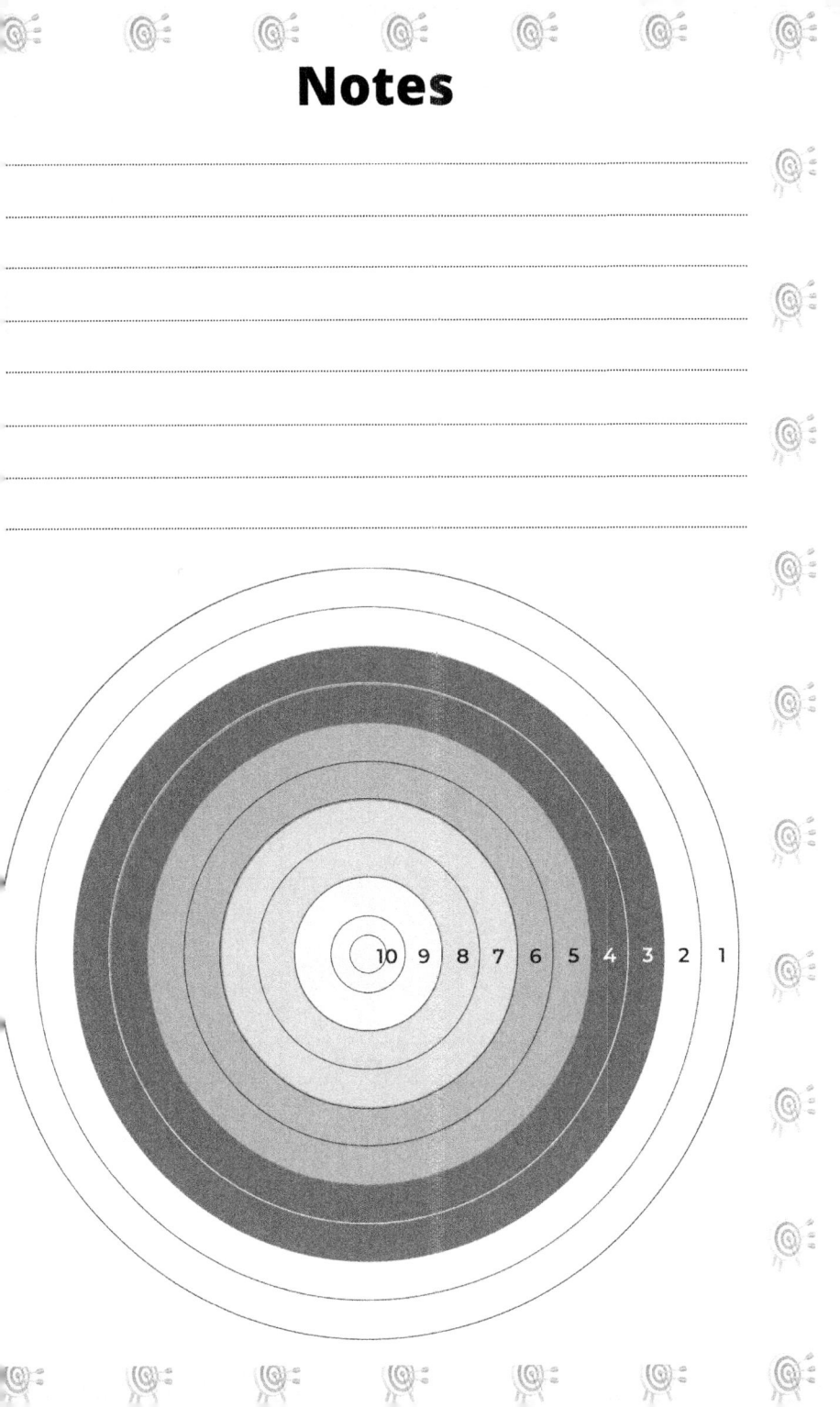

Notes

Sheet Score

DATE | **DISTANCE(m)** | **TARGET FACE (cm)**

TEAM | **TOURNAMENT**

ROUND	ARROW						TOTAL
	1	2	3	4	5	6	

NOTES

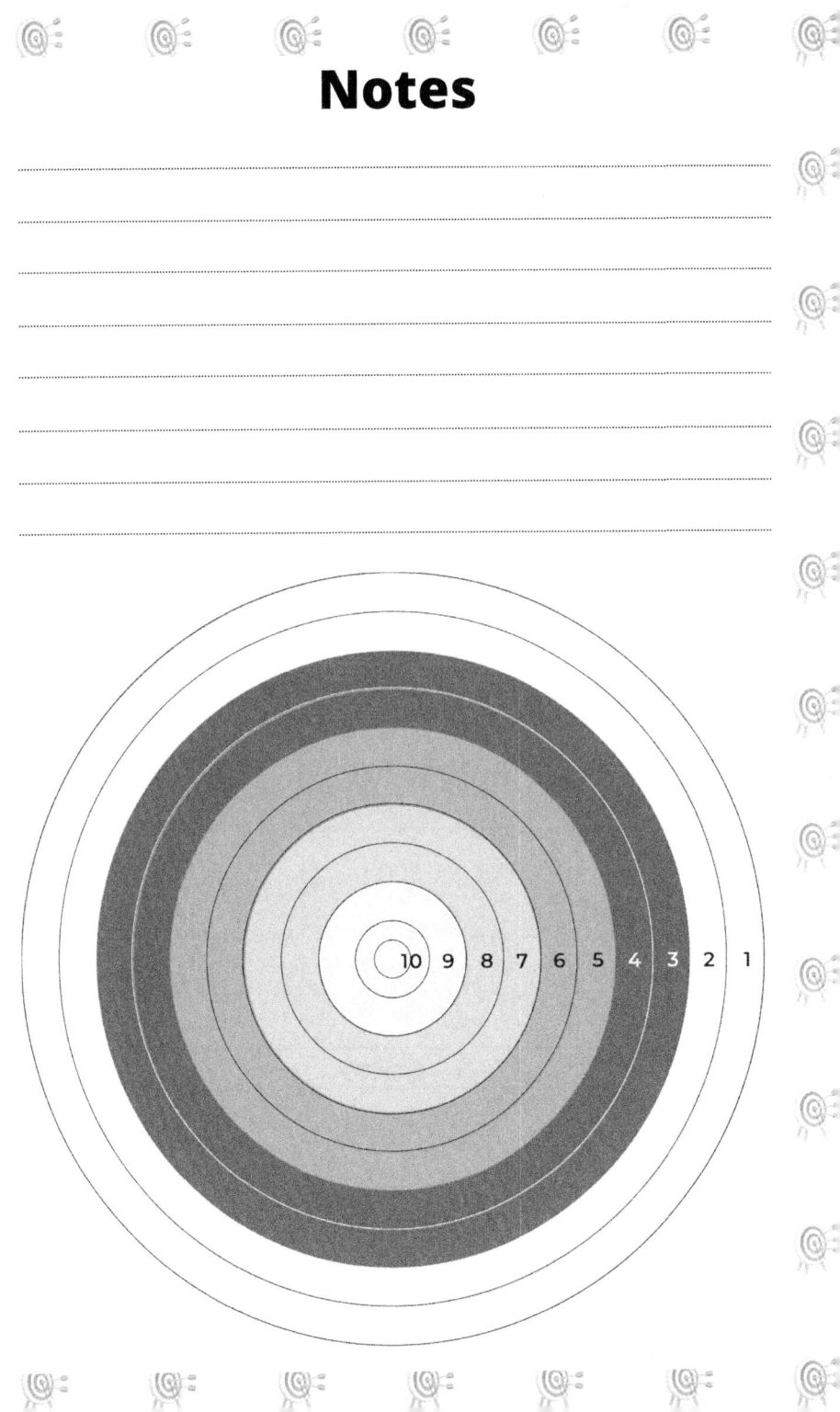

Notes

....

....

....

....

....

....

....

Sheet Score

DATE [ ] **DISTANCE(m)** [ ] **TARGET FACE (cm)** [ ]

TEAM [ ] **TOURNAMENT** [ ]

ROUND	ARROW 1	2	3	4	5	6	TOTAL

NOTES

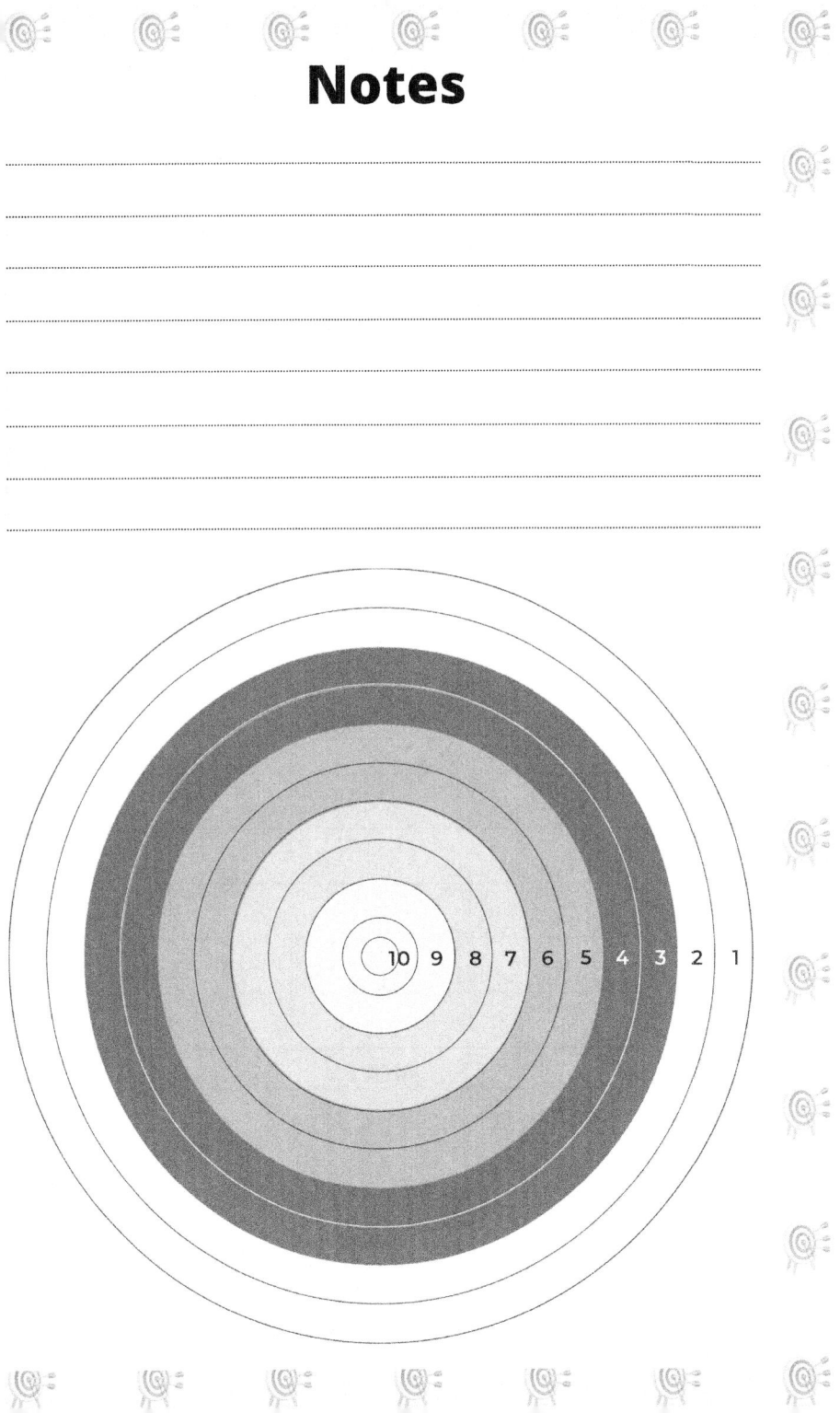

Notes

....
....
....
....
....
....
....

Sheet Score

DATE		DISTANCE(m)		TARGET FACE (cm)	

TEAM		TOURNAMENT	

ROUND	ARROW						TOTAL
	1	2	3	4	5	6	

NOTES

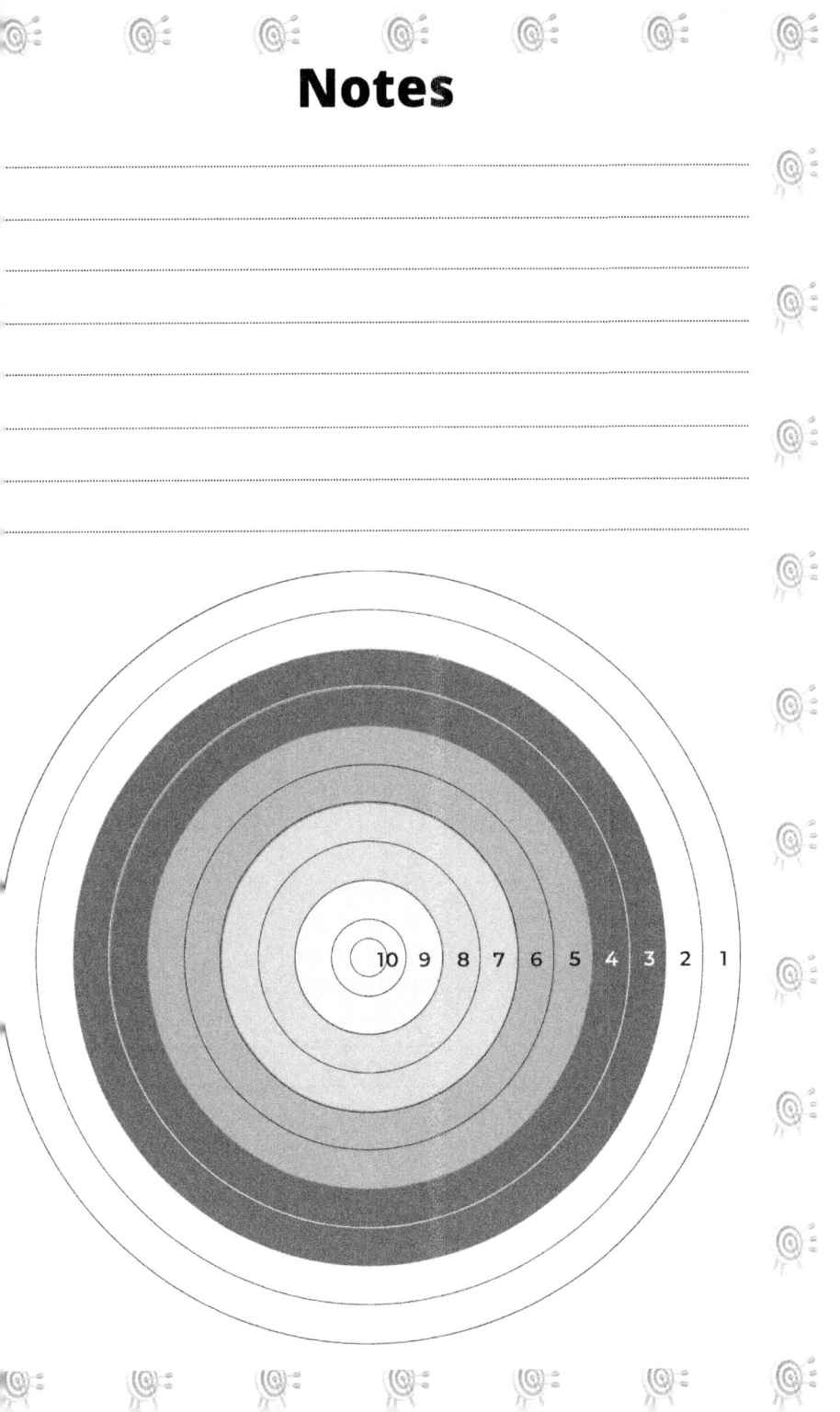

Notes

Sheet Score

DATE [ ] **DISTANCE(m)** [ ] **TARGET FACE (cm)** [ ]

TEAM [ ] **TOURNAMENT** [ ]

ROUND	ARROW 1	2	3	4	5	6	TOTAL

NOTES

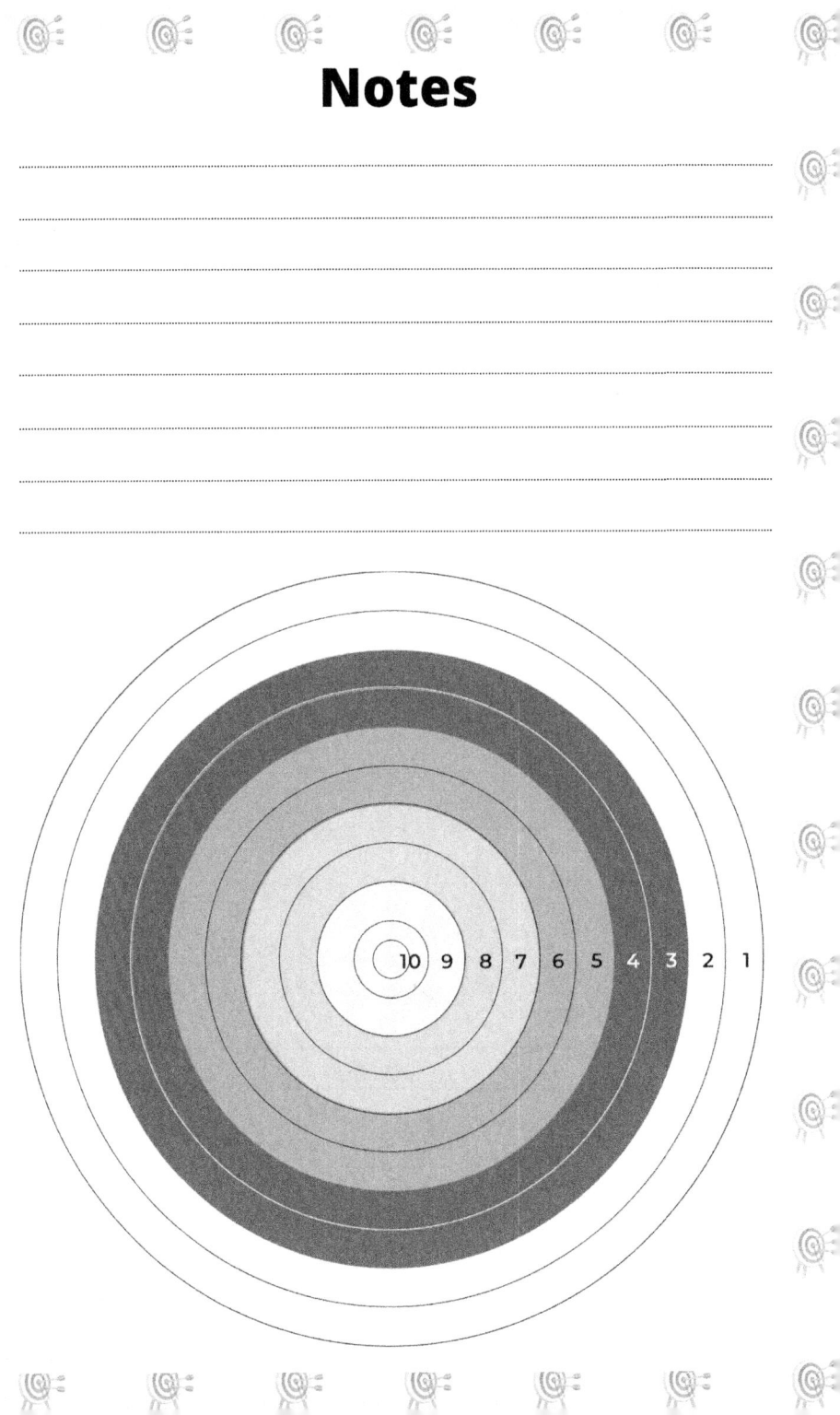

Notes

Sheet Score

DATE [ ] **DISTANCE(m)** [ ] **TARGET FACE (cm)** [ ]

TEAM [ ] **TOURNAMENT** [ ]

ROUND	ARROW 1	2	3	4	5	6	TOTAL

NOTES

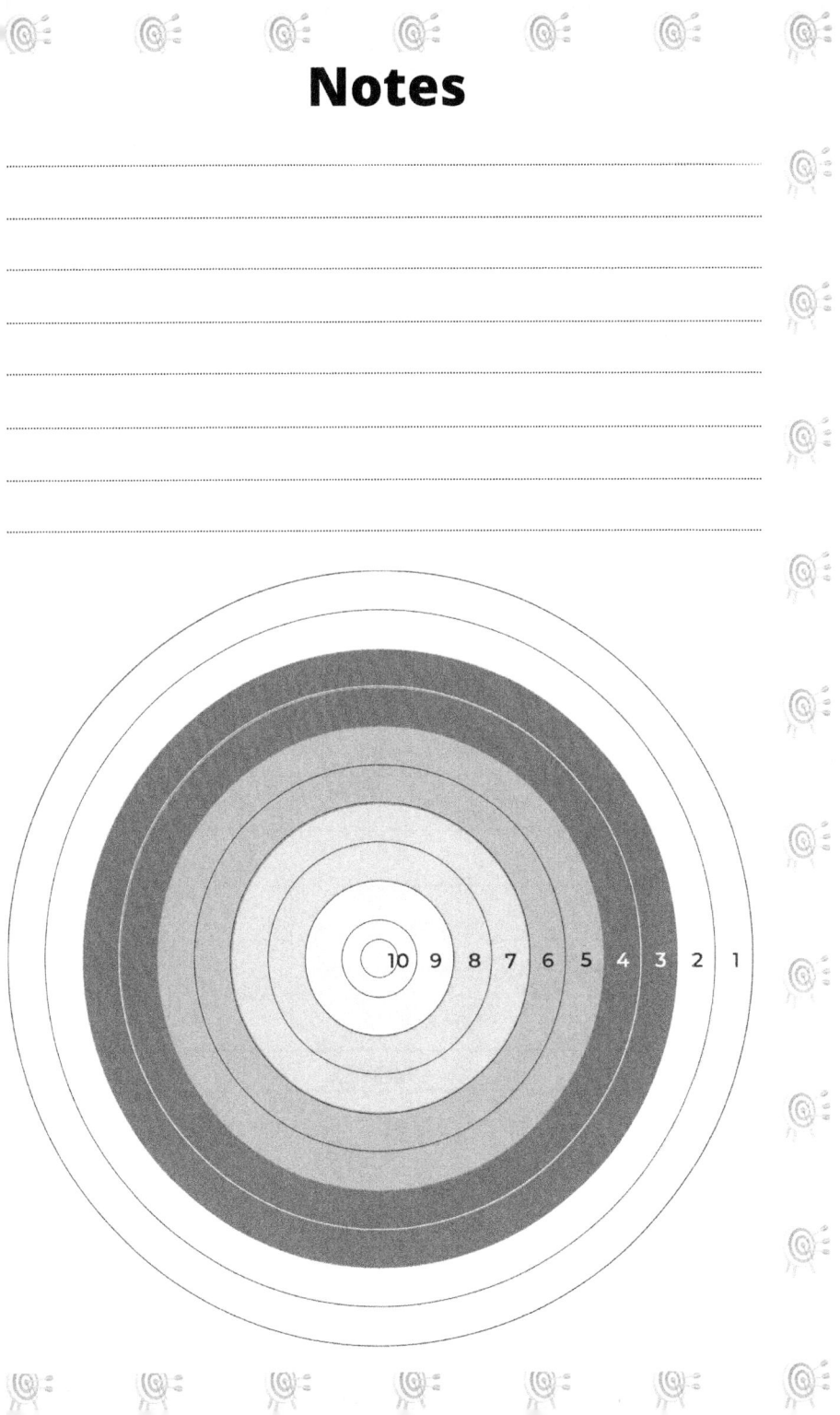

Notes

Sheet Score

DATE   **DISTANCE(m)**   **TARGET FACE (cm)**

TEAM   **TOURNAMENT**

ROUND	\>\>\> ARROW \<\<\<						TOTAL
	1	2	3	4	5	6	

NOTES

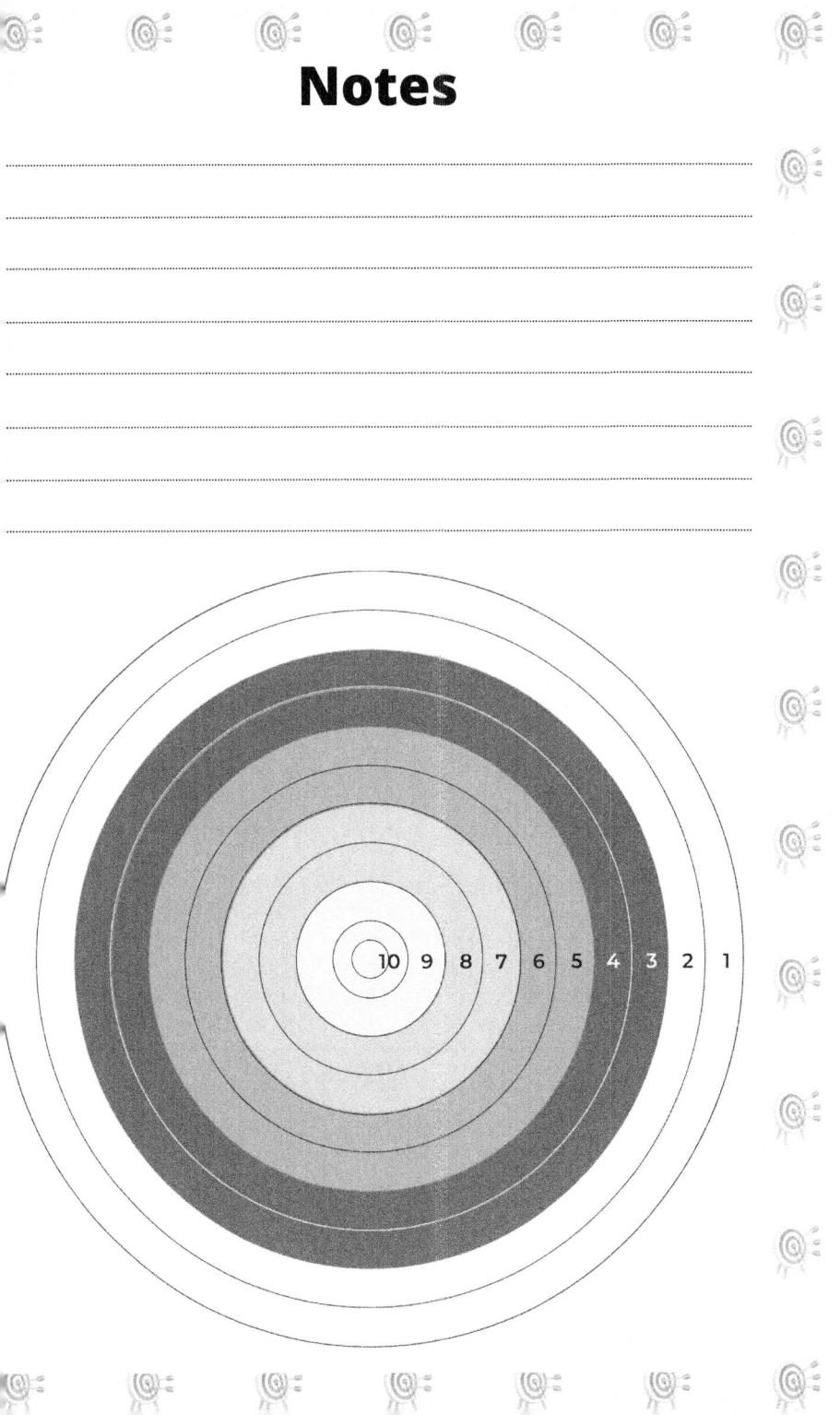

Notes

Sheet Score

DATE | **DISTANCE(m)** | **TARGET FACE (cm)**

TEAM | **TOURNAMENT**

ROUND	ARROW						TOTAL
	1	2	3	4	5	6	

NOTES

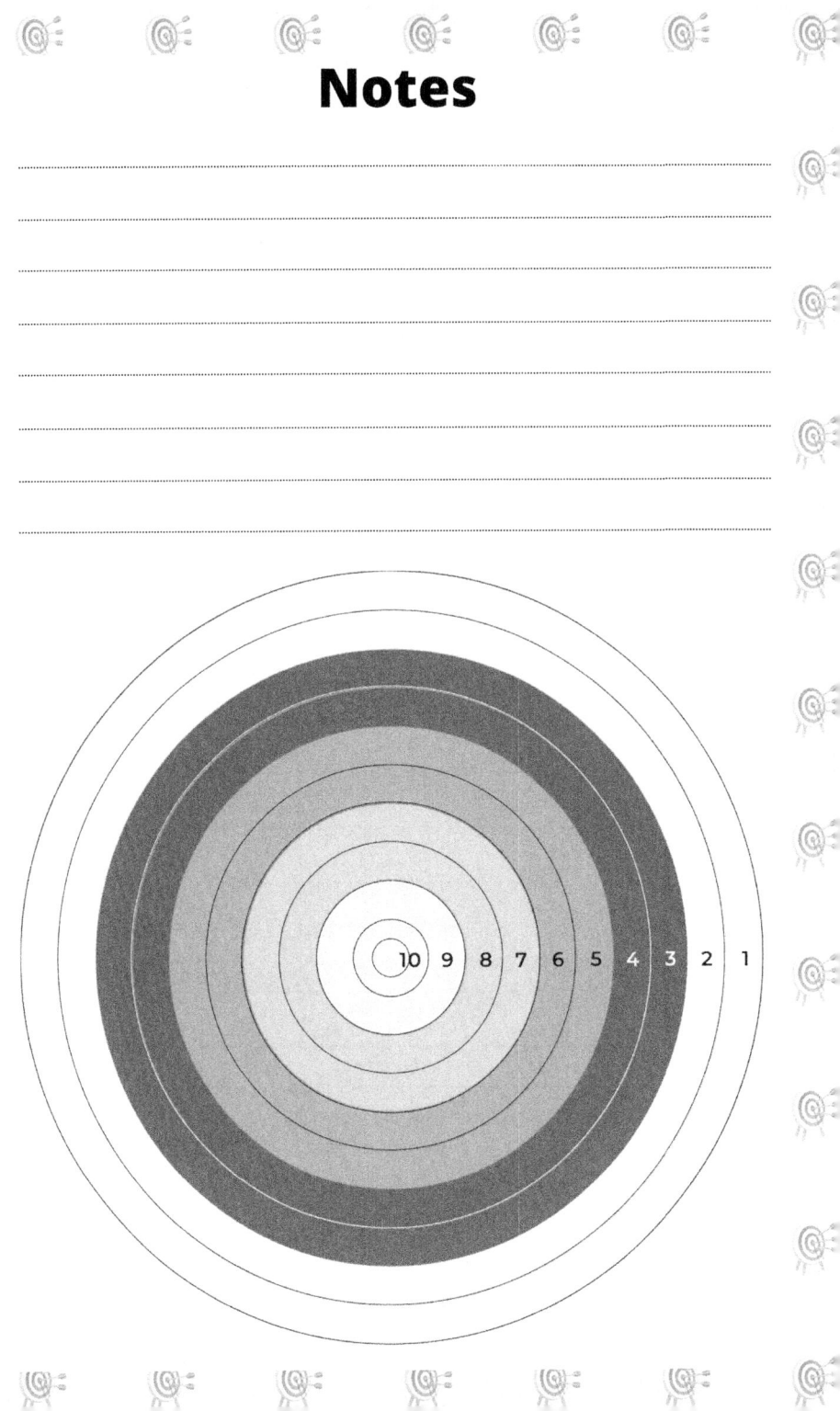

Notes

Sheet Score

DATE [ ] **DISTANCE(m)** [ ] **TARGET FACE (cm)** [ ]

TEAM [ ] **TOURNAMENT** [ ]

ROUND	ARROW 1	2	3	4	5	6	TOTAL

NOTES

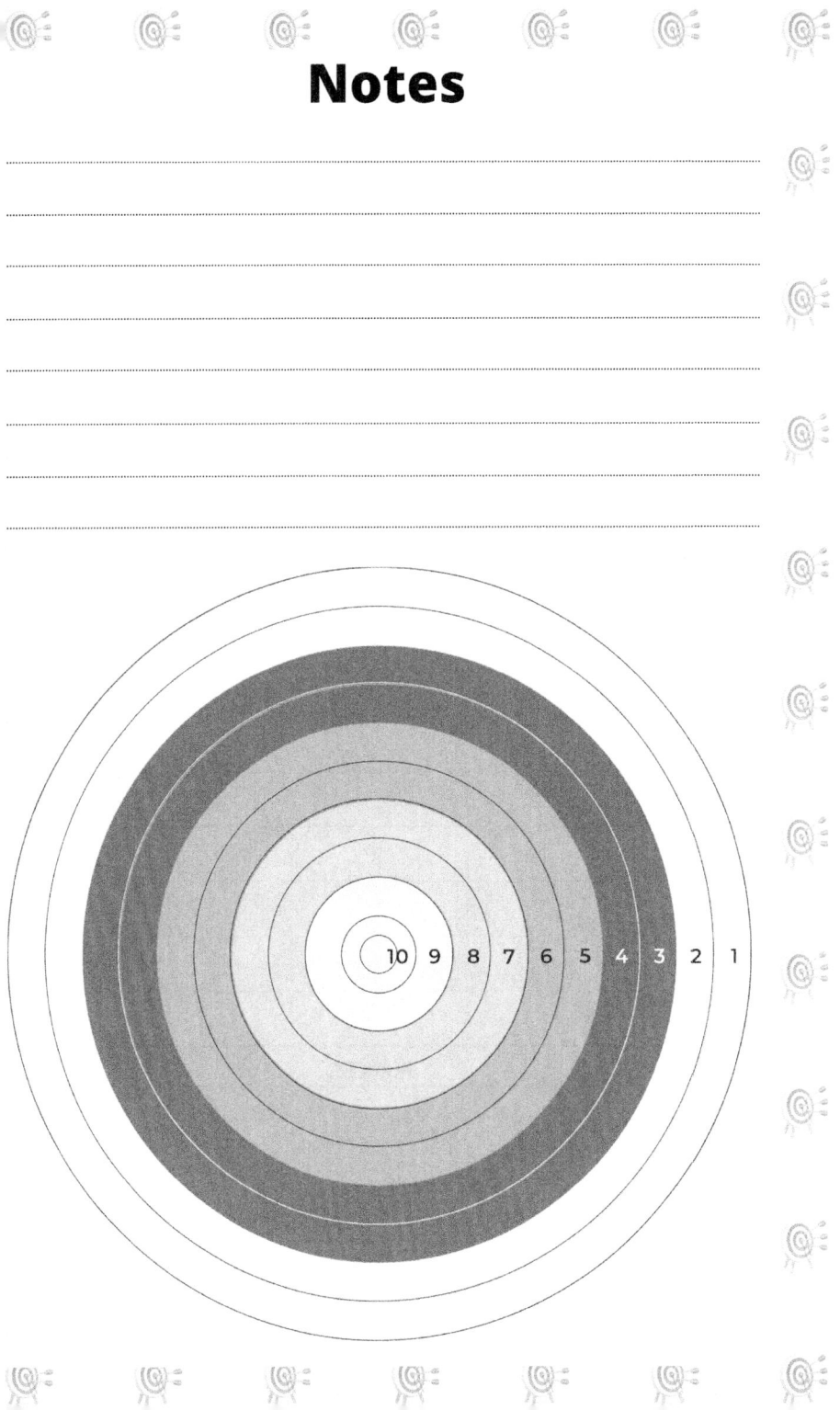

Notes

Sheet Score

DATE   **DISTANCE(m)**   **TARGET FACE (cm)**

TEAM   **TOURNAMENT**

ROUND	ARROW 1	2	3	4	5	6	TOTAL

NOTES

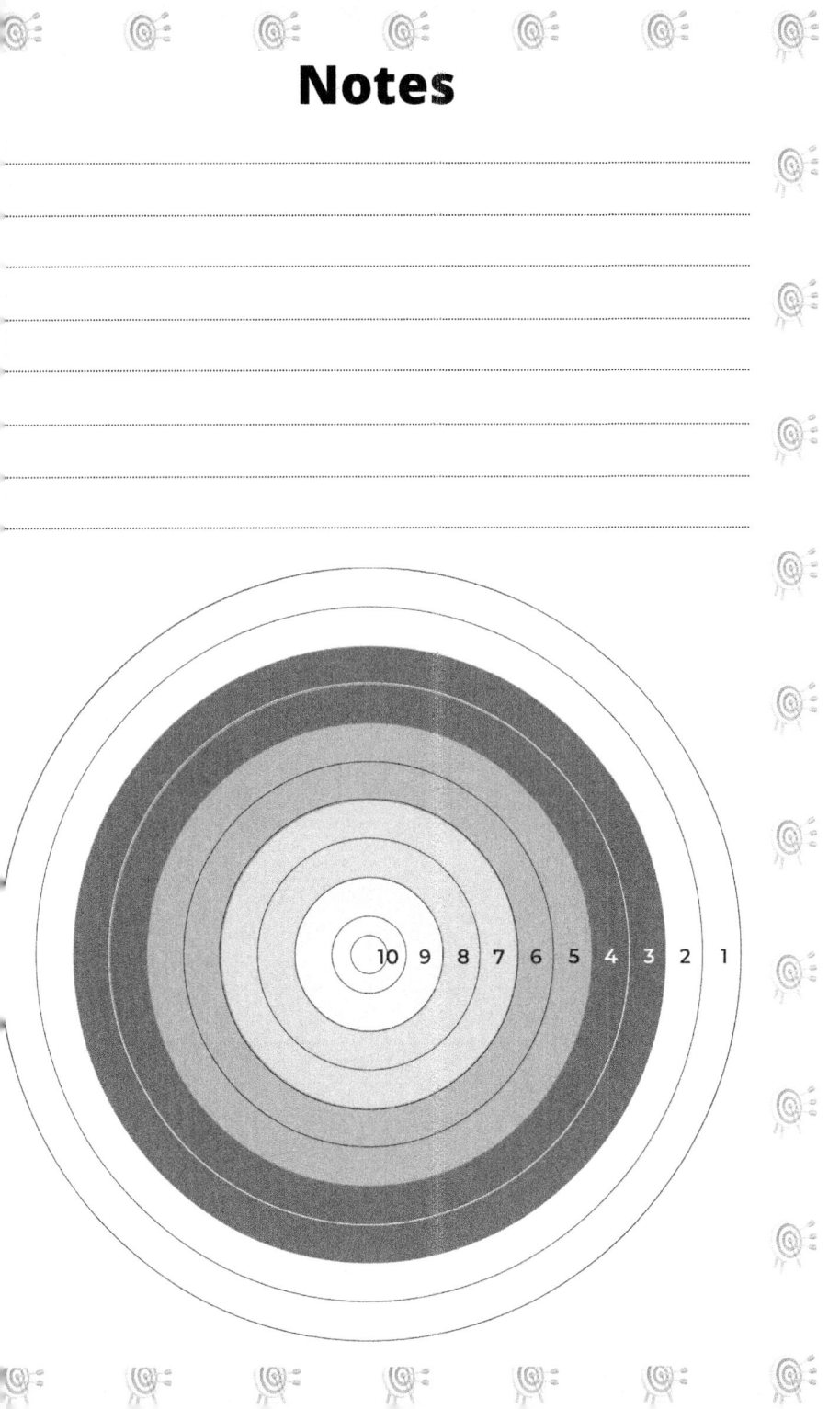

Notes

Sheet Score

DATE **DISTANCE(m)** **TARGET FACE (cm)**

TEAM **TOURNAMENT**

ROUND	ARROW 1	2	3	4	5	6	TOTAL

NOTES

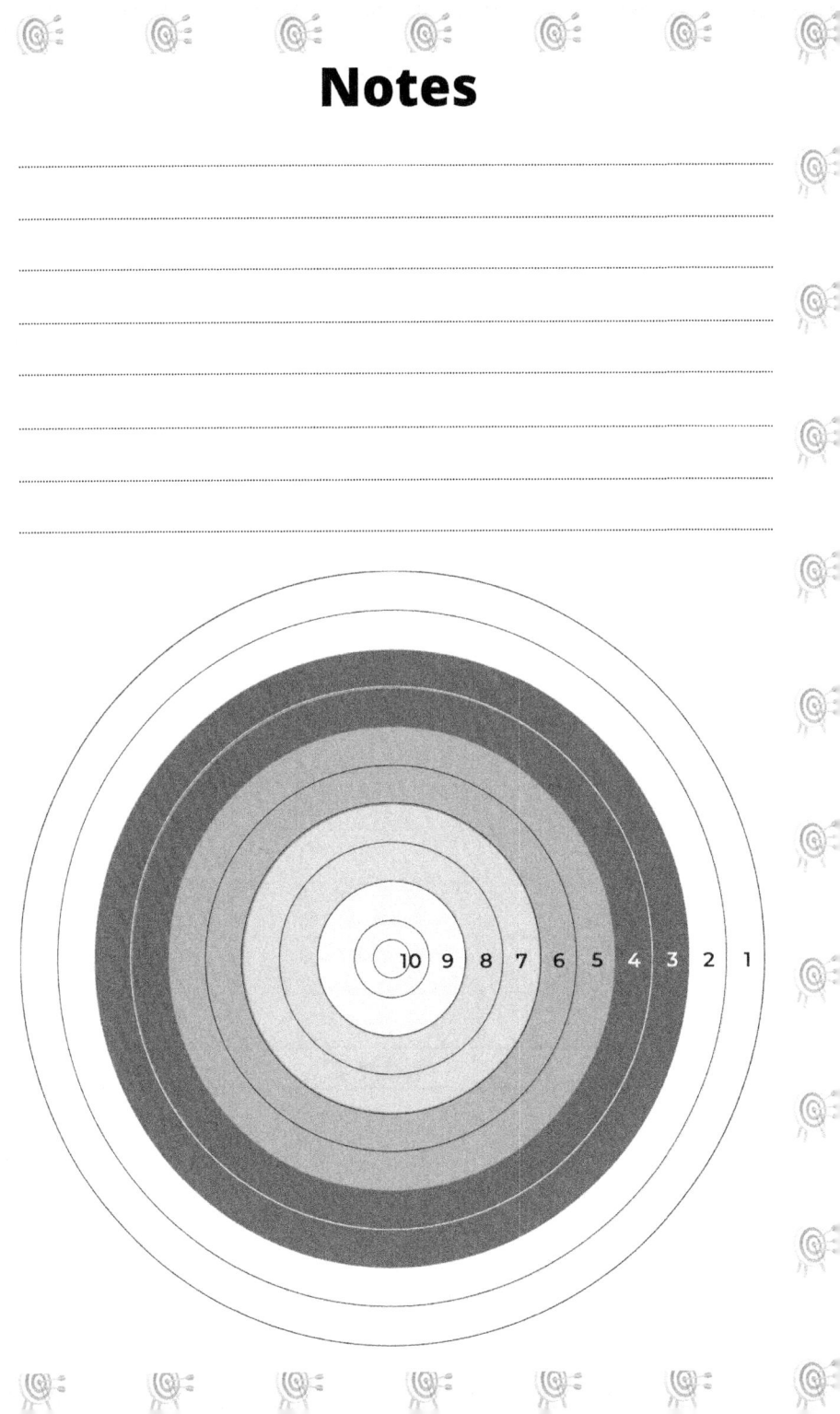

Notes

Sheet Score

DATE [ ] **DISTANCE(m)** [ ] **TARGET FACE (cm)** [ ]

TEAM [ ] **TOURNAMENT** [ ]

ROUND	ARROW 1	2	3	4	5	6	TOTAL

NOTES

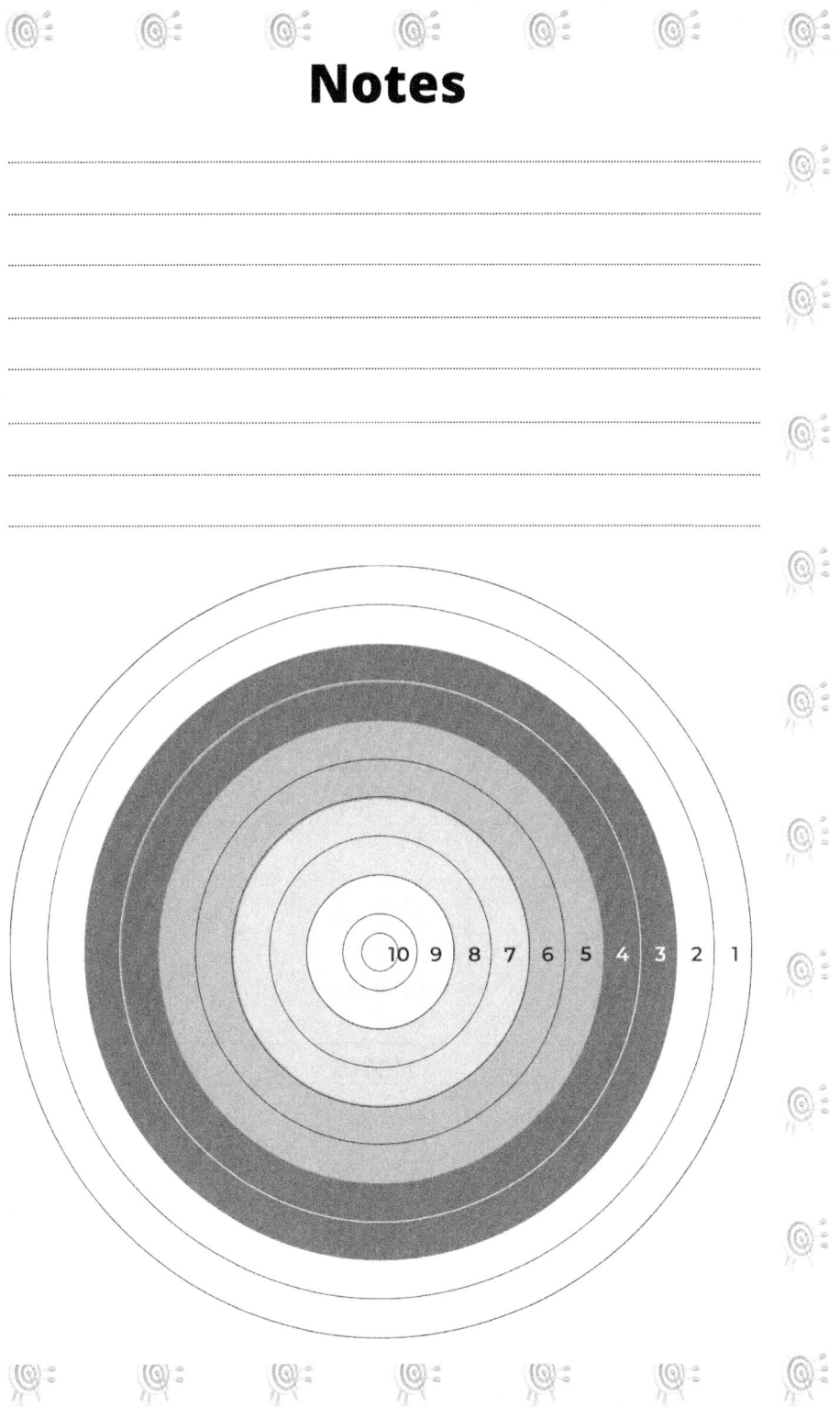

Notes

Sheet Score

DATE | **DISTANCE(m)** | **TARGET FACE (cm)**

TEAM | **TOURNAMENT**

ROUND	\<-- ARROW --\>						TOTAL
	1	2	3	4	5	6	

NOTES

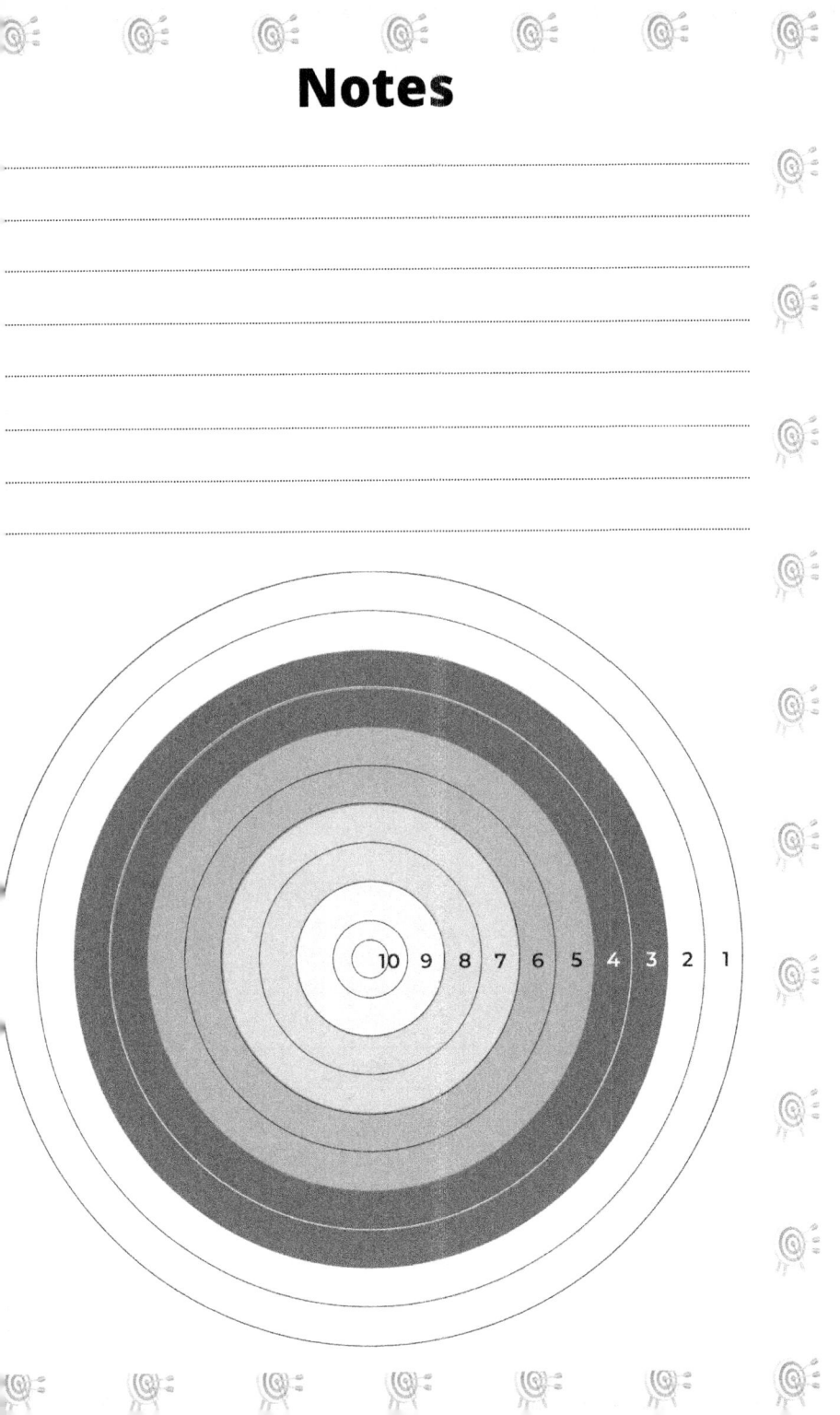

Notes

Sheet Score

DATE _____ **DISTANCE(m)** _____ **TARGET FACE (cm)** _____

TEAM _____ **TOURNAMENT** _____

ROUND	ARROW 1	2	3	4	5	6	TOTAL

NOTES

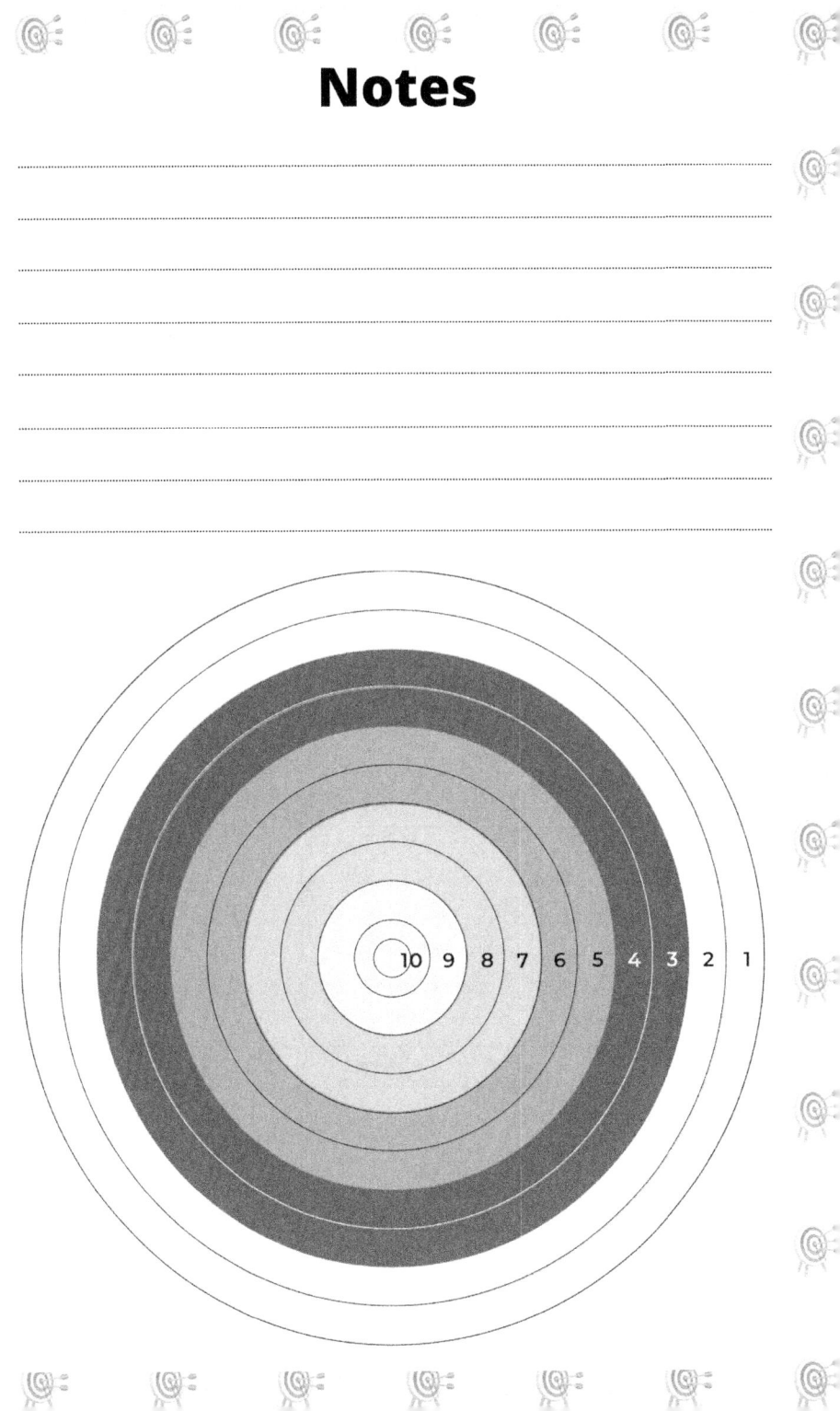

Notes

....
....
....
....
....
....
....

Sheet Score

DATE		DISTANCE(m)		TARGET FACE (cm)	

TEAM		TOURNAMENT	

ROUND	ARROW						TOTAL
	1	2	3	4	5	6	

NOTES

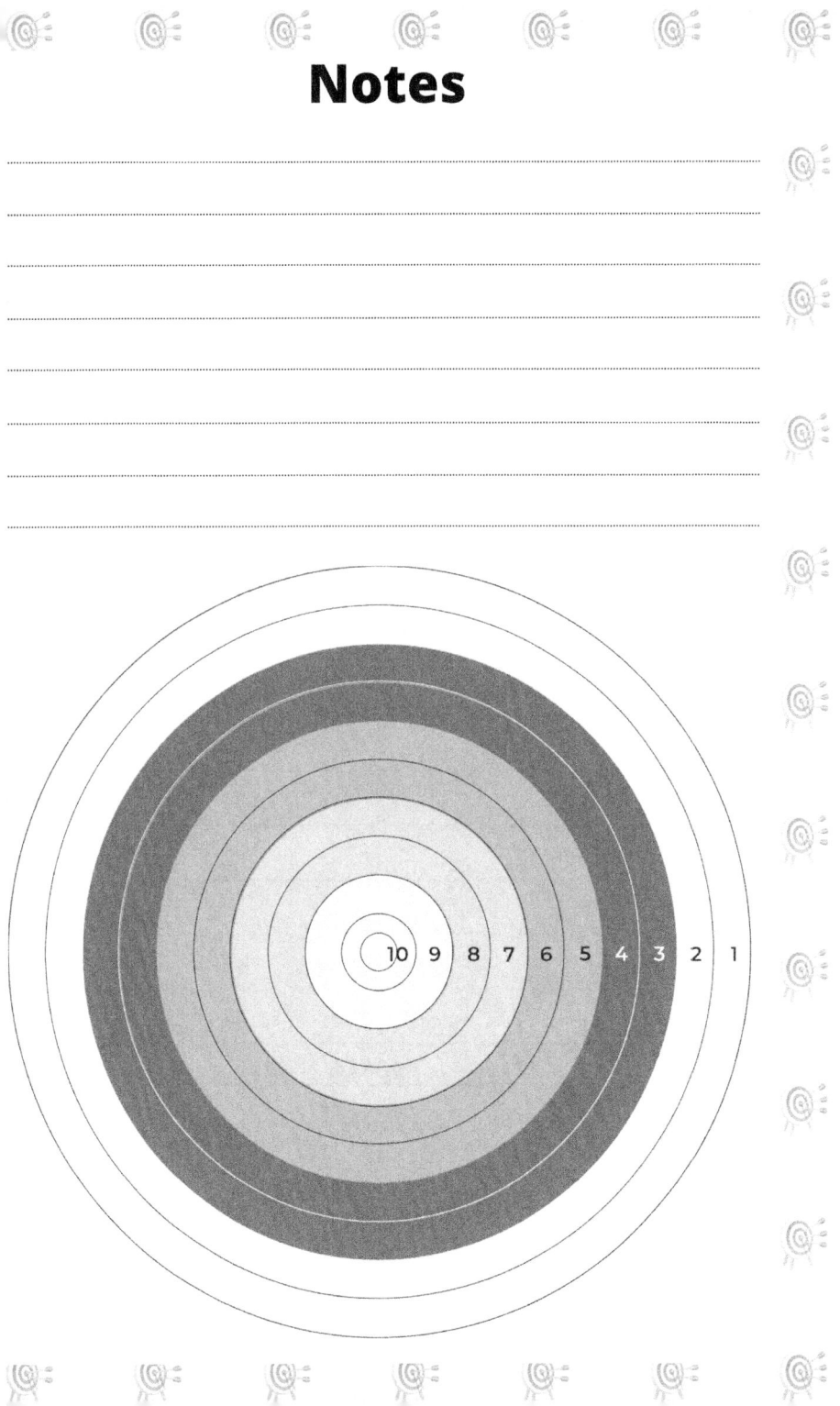

Notes

Sheet Score

DATE   **DISTANCE(m)**   **TARGET FACE (cm)**

TEAM   **TOURNAMENT**

ROUND	ARROW 1	2	3	4	5	6	TOTAL

NOTES

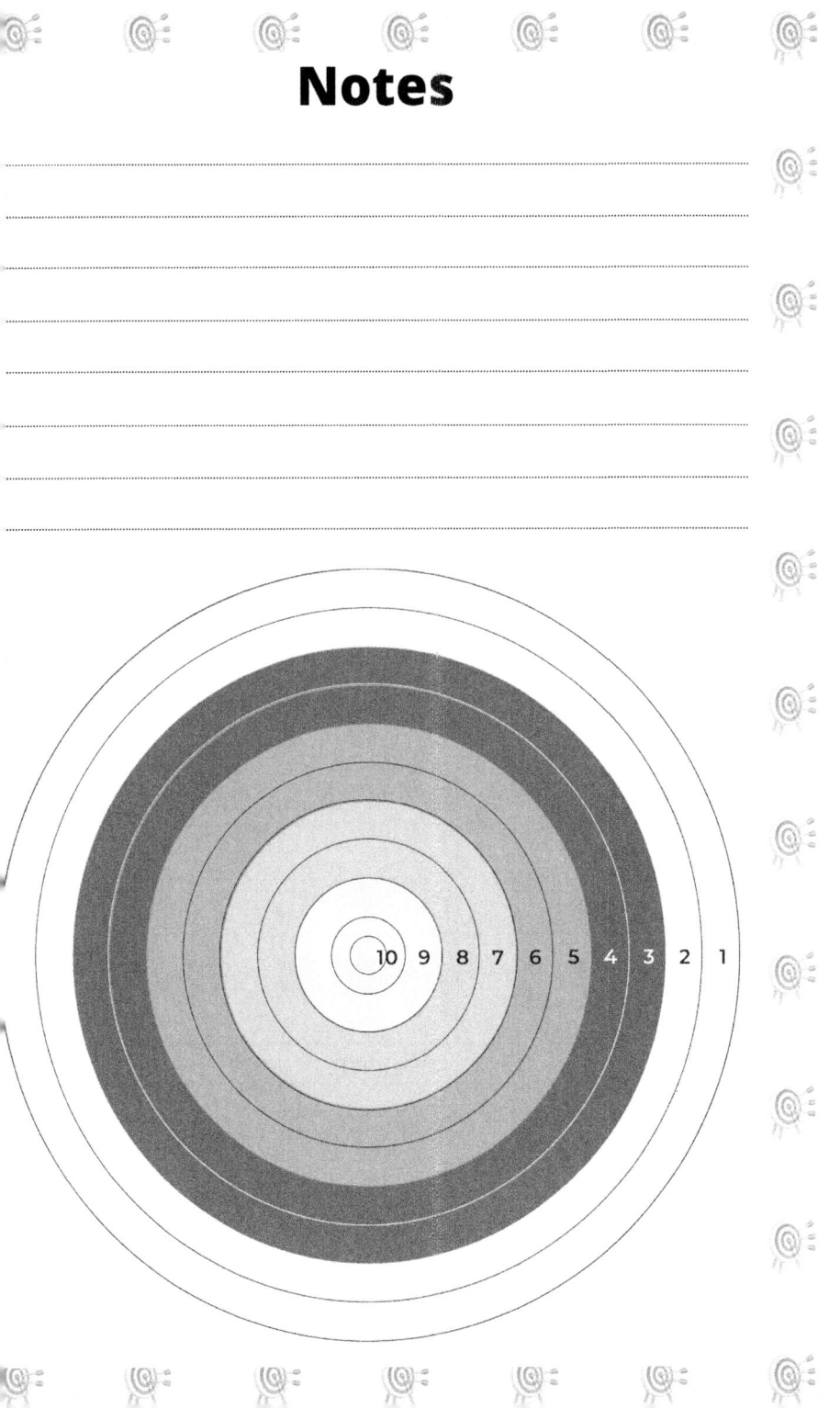

Notes

Sheet Score

DATE | **DISTANCE(m)** | **TARGET FACE (cm)**

TEAM | **TOURNAMENT**

ROUND	ARROW 1	2	3	4	5	6	TOTAL

NOTES

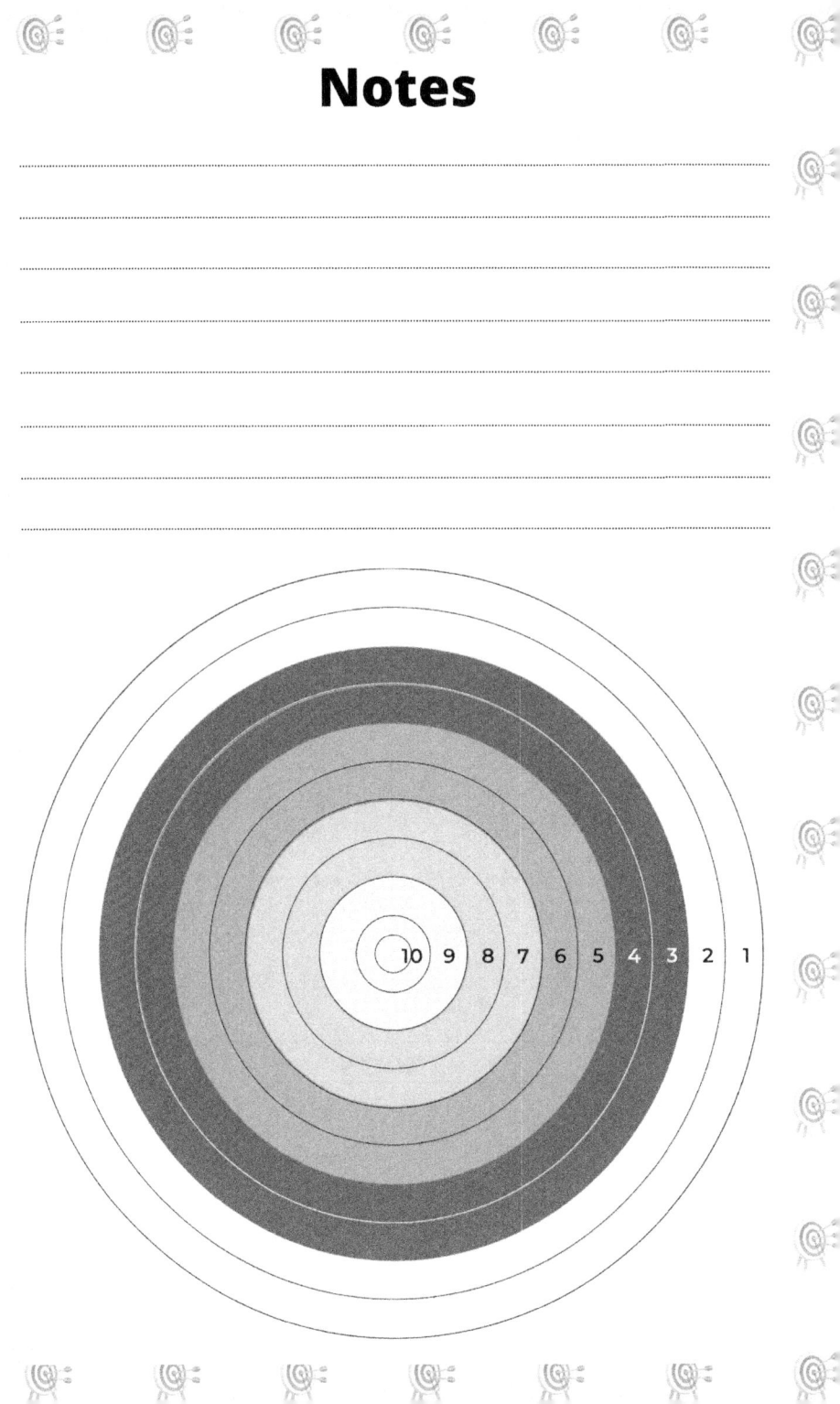

Notes

Sheet Score

DATE | **DISTANCE(m)** | **TARGET FACE (cm)**

TEAM | **TOURNAMENT**

ROUND	\multicolumn{6}{c	}{ARROW}	TOTAL
	1	2	3	4	5	6	

NOTES

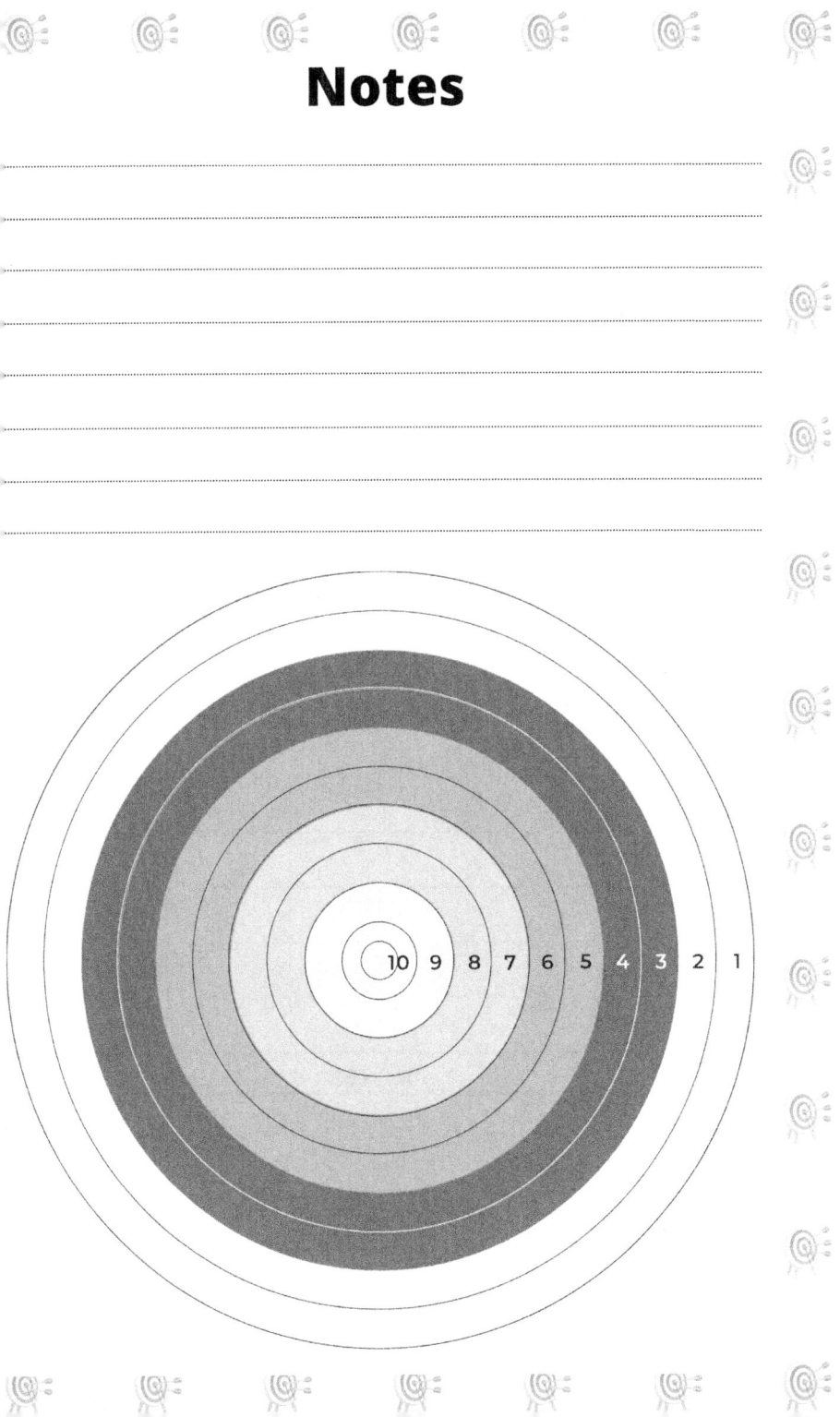

Notes

Sheet Score

DATE | **DISTANCE(m)** | **TARGET FACE (cm)**

TEAM | **TOURNAMENT**

ROUND	ARROW 1	2	3	4	5	6	TOTAL

NOTES

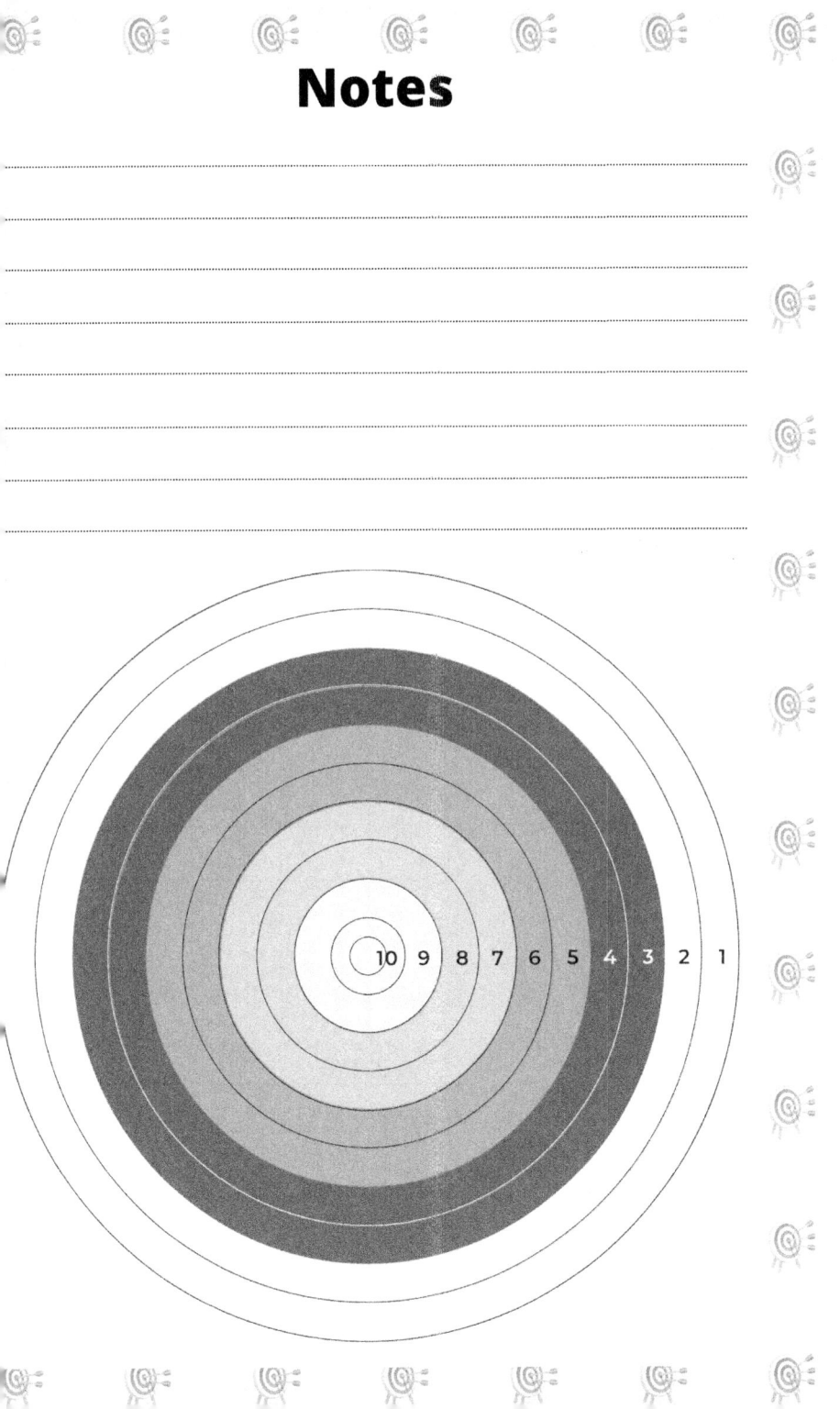

Notes

Sheet Score

DATE | **DISTANCE(m)** | **TARGET FACE (cm)**

TEAM | **TOURNAMENT**

ROUND	ARROW						TOTAL
	1	2	3	4	5	6	

NOTES

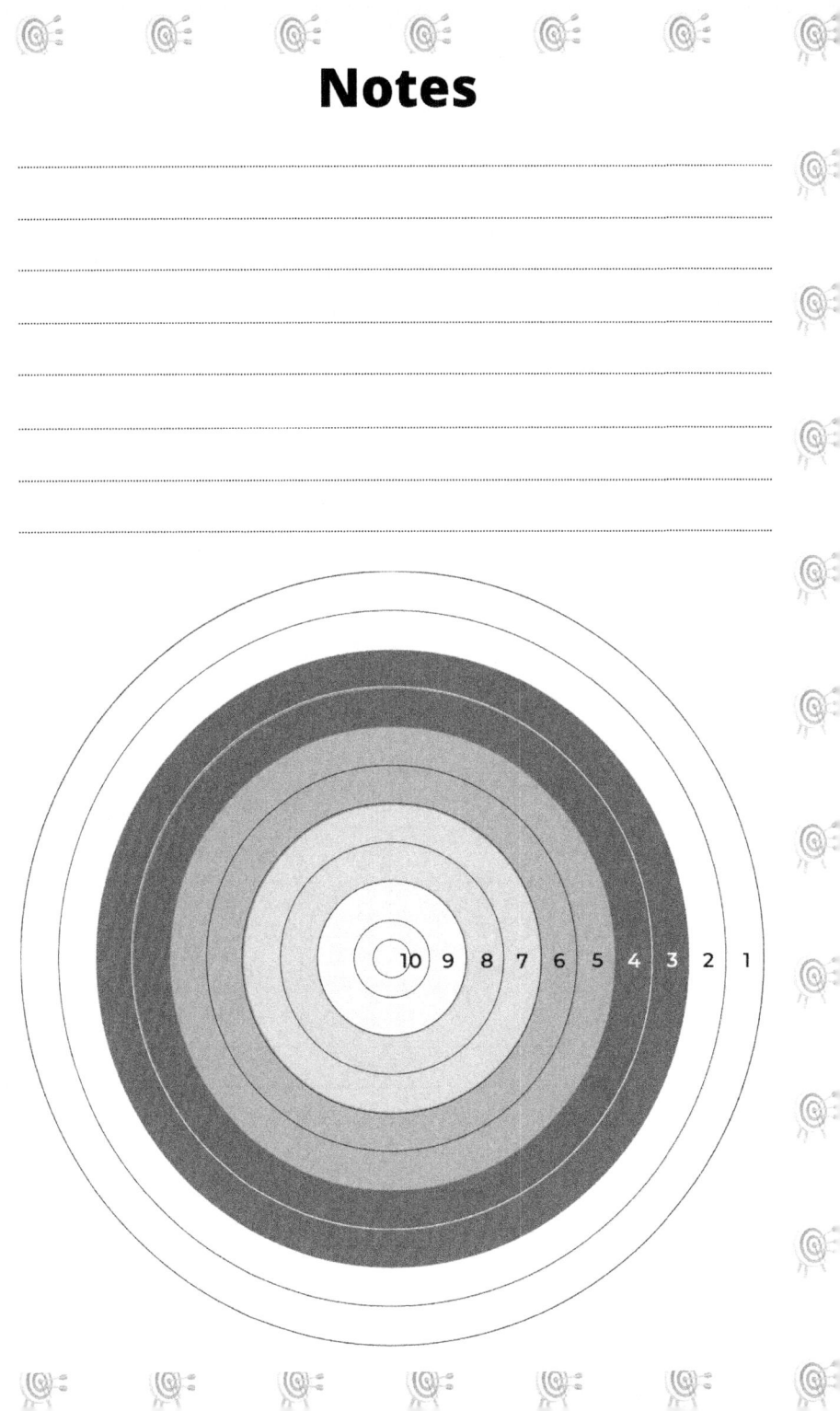

Notes

Sheet Score

DATE | **DISTANCE(m)** | **TARGET FACE (cm)**

TEAM | **TOURNAMENT**

ROUND	ARROW 1	2	3	4	5	6	TOTAL

NOTES

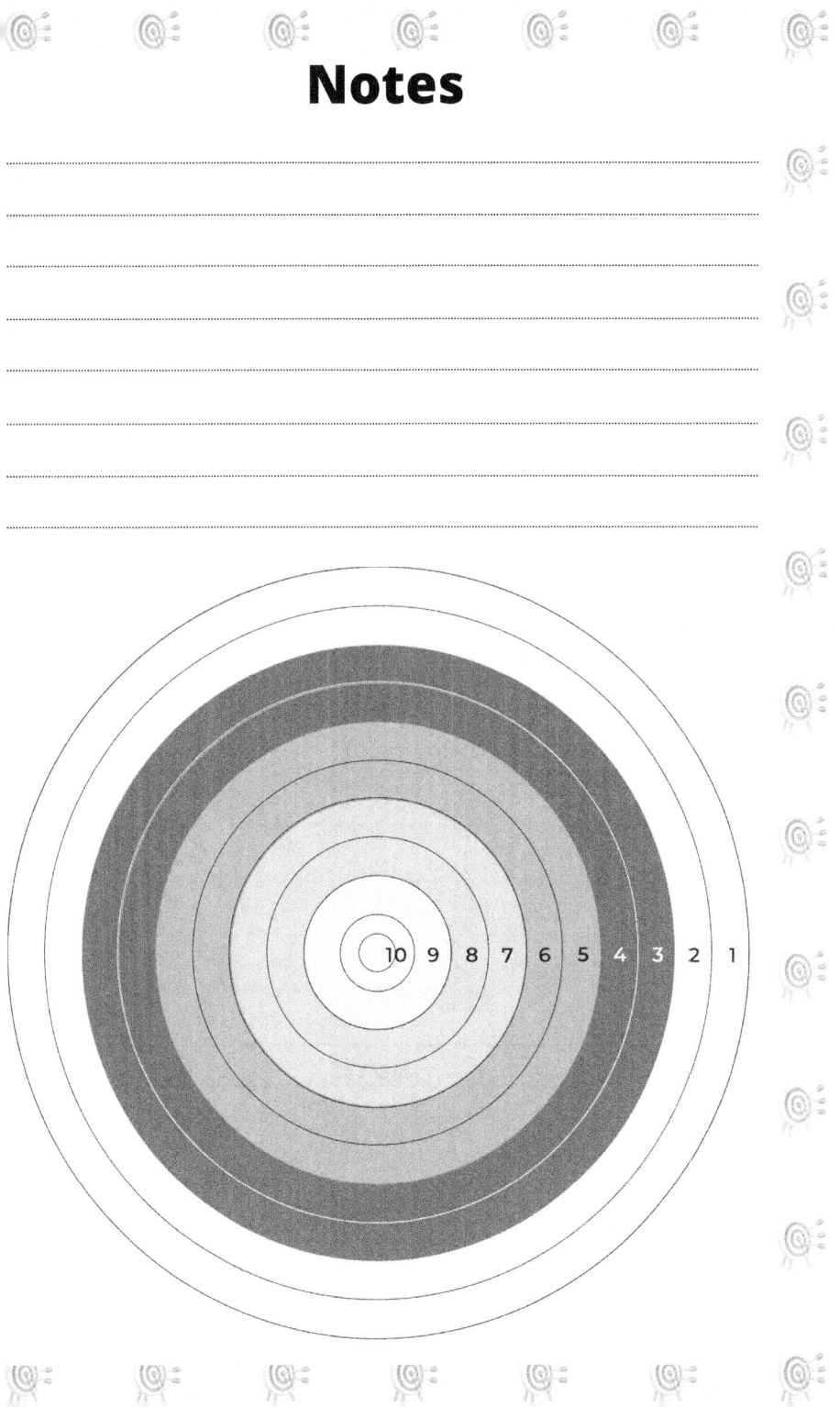

Notes

Sheet Score

DATE | **DISTANCE(m)** | **TARGET FACE (cm)**

TEAM | **TOURNAMENT**

ROUND	\>\>\> ARROW <<<						TOTAL
	1	2	3	4	5	6	

NOTES

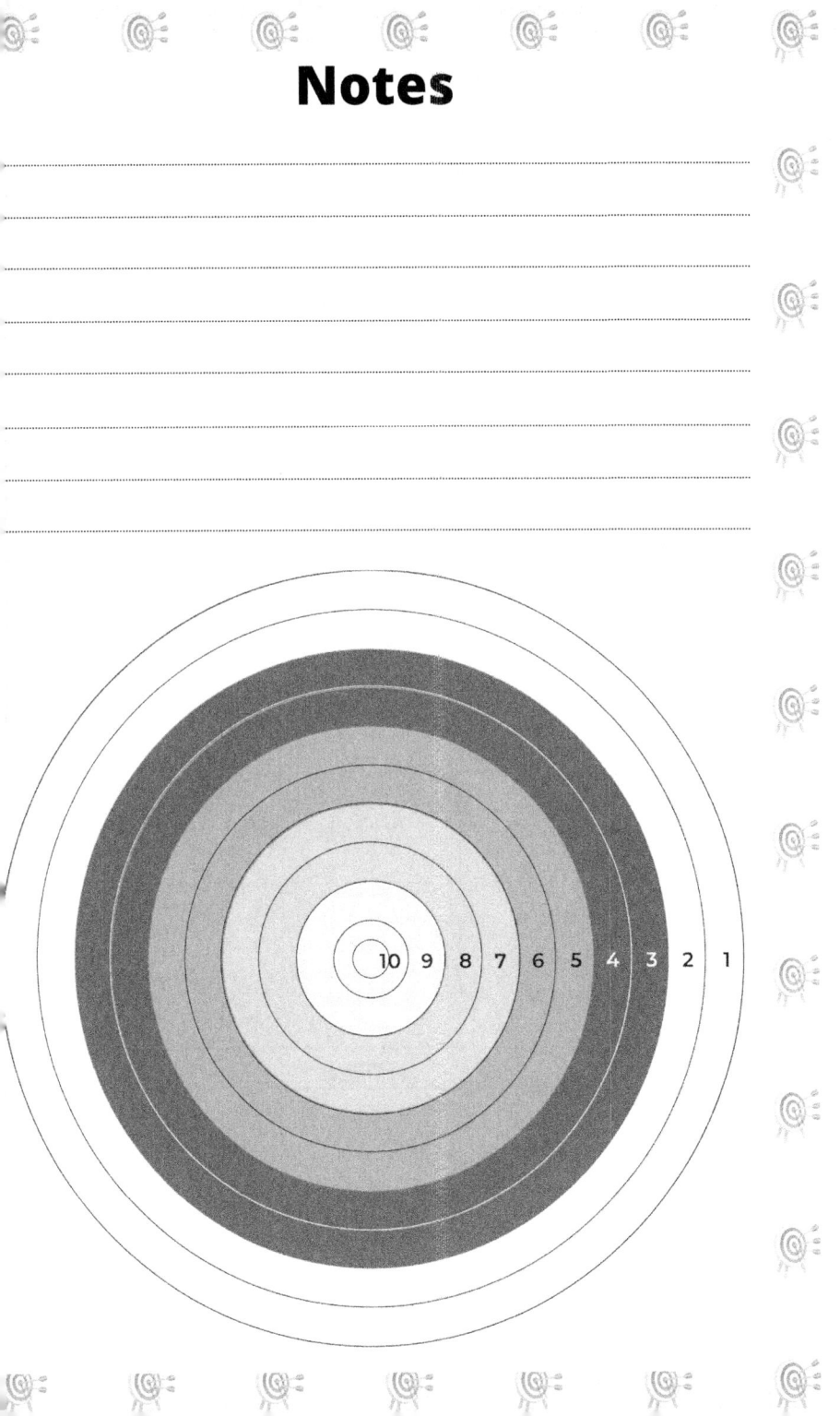

Notes

Sheet Score

DATE   **DISTANCE(m)**   **TARGET FACE (cm)**

TEAM   **TOURNAMENT**

ROUND	\multicolumn{6}{c}{ARROW}	TOTAL
	1	2	3	4	5	6	

NOTES

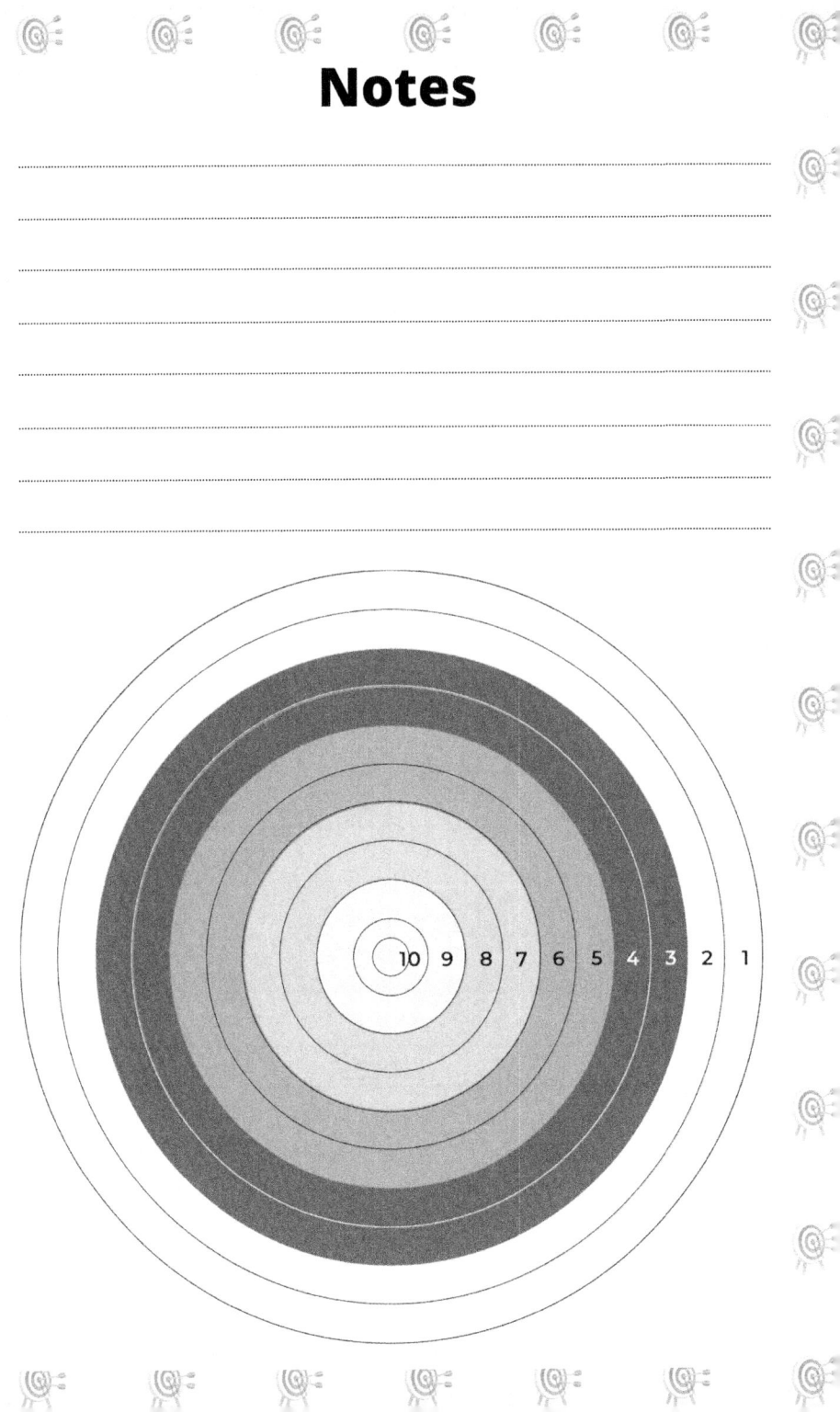

Notes

Sheet Score

DATE | **DISTANCE(m)** | **TARGET FACE (cm)**

TEAM | **TOURNAMENT**

ROUND	\>\>\>\> ARROW <<<<						TOTAL
	1	2	3	4	5	6	

NOTES

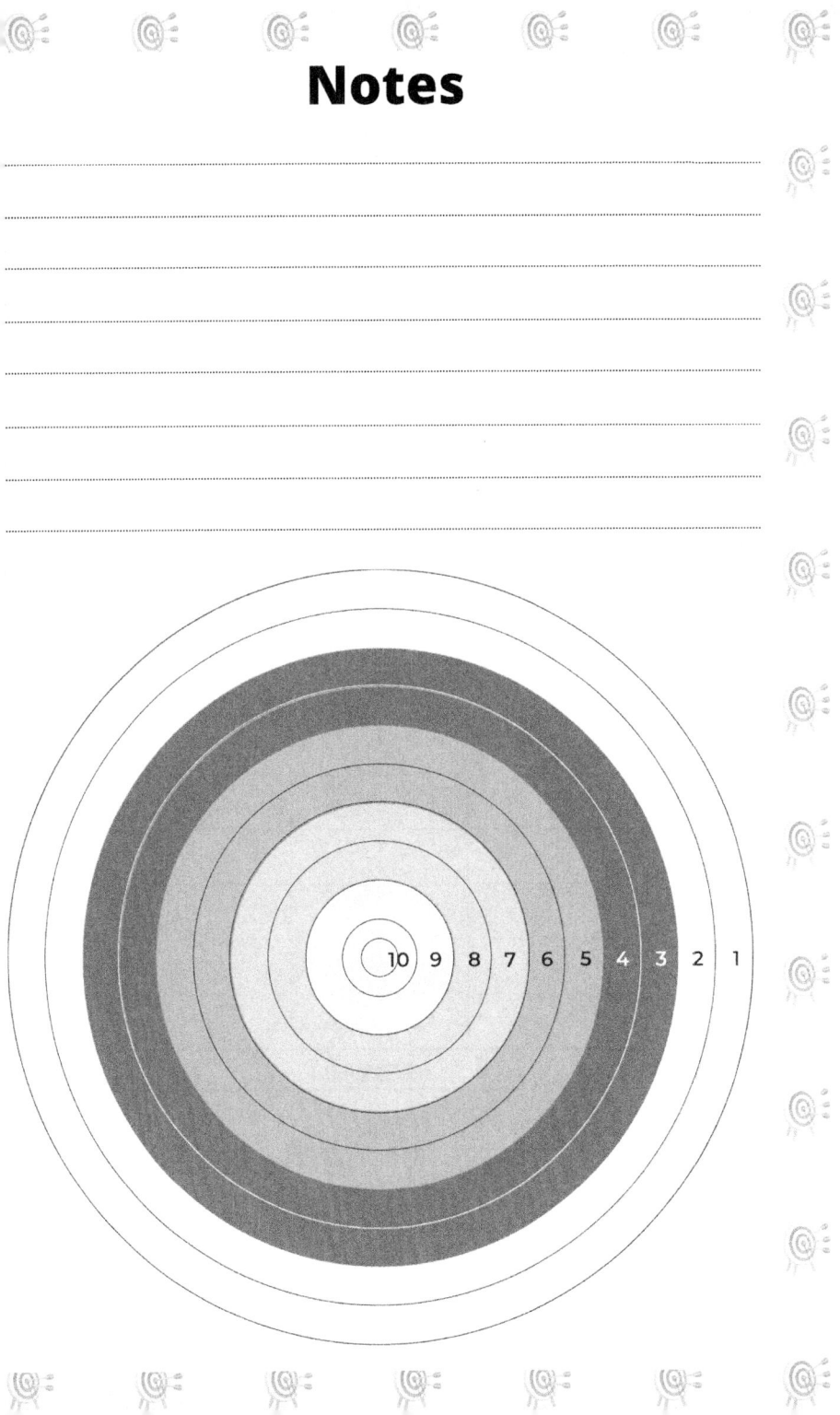

Notes

Sheet Score

DATE   **DISTANCE(m)**   **TARGET FACE (cm)**

TEAM   **TOURNAMENT**

ROUND	ARROW						TOTAL
	1	2	3	4	5	6	

NOTES

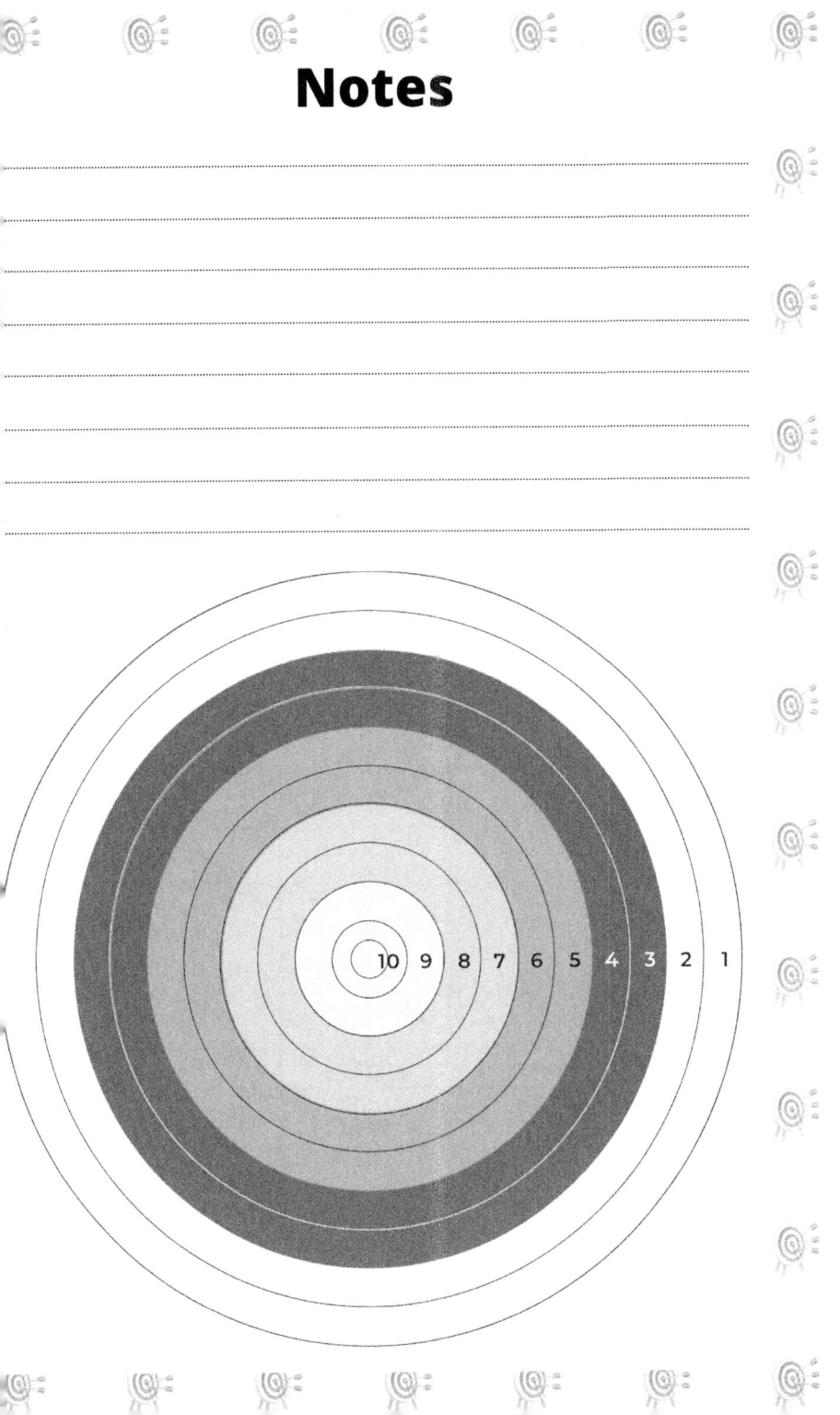

Notes

Sheet Score

DATE **DISTANCE(m)** **TARGET FACE (cm)**

TEAM **TOURNAMENT**

ROUND	ARROW 1	2	3	4	5	6	TOTAL

NOTES

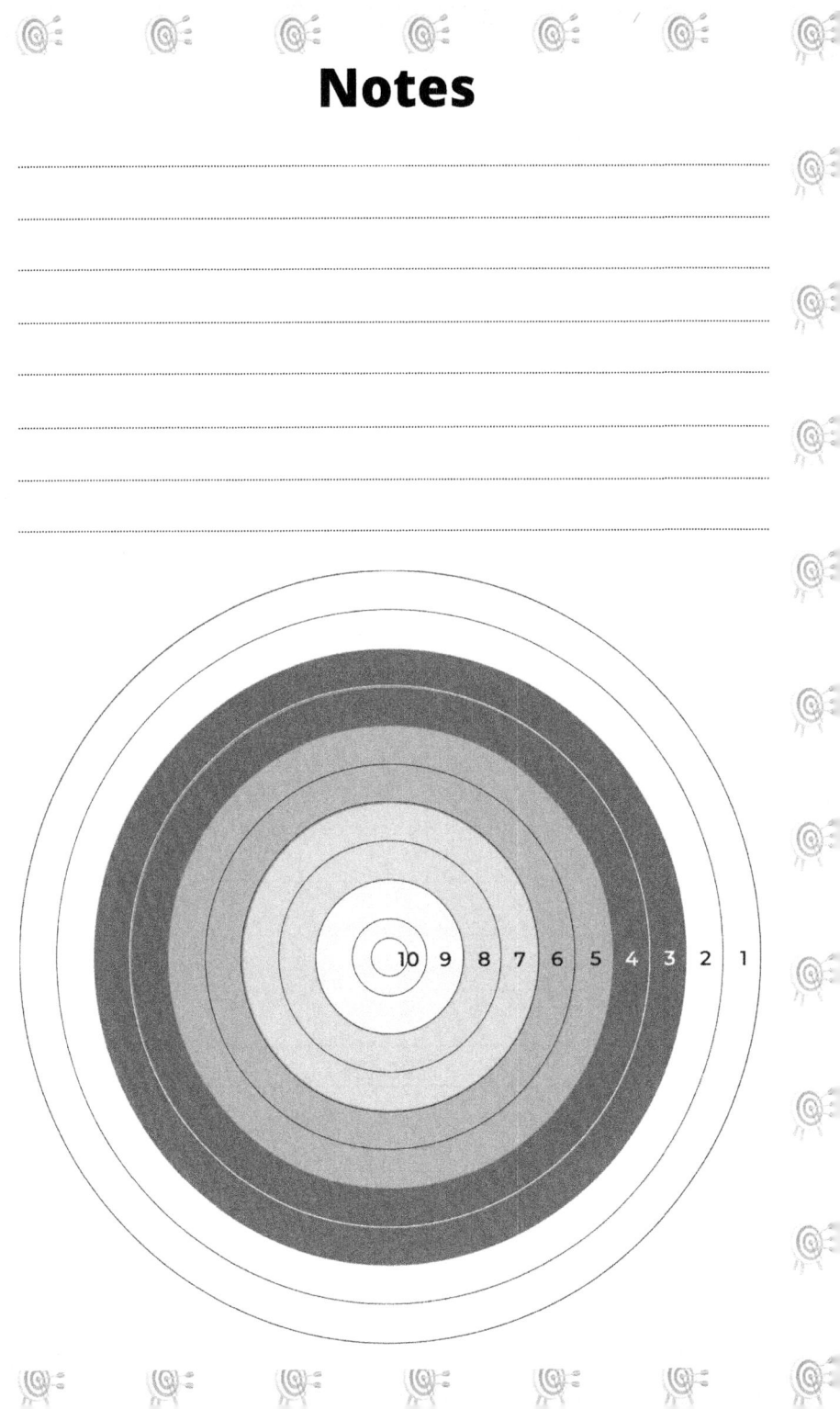

Notes

Sheet Score

DATE [ ] **DISTANCE(m)** [ ] **TARGET FACE (cm)** [ ]

TEAM [ ] **TOURNAMENT** [ ]

ROUND	ARROW 1	2	3	4	5	6	TOTAL

NOTES

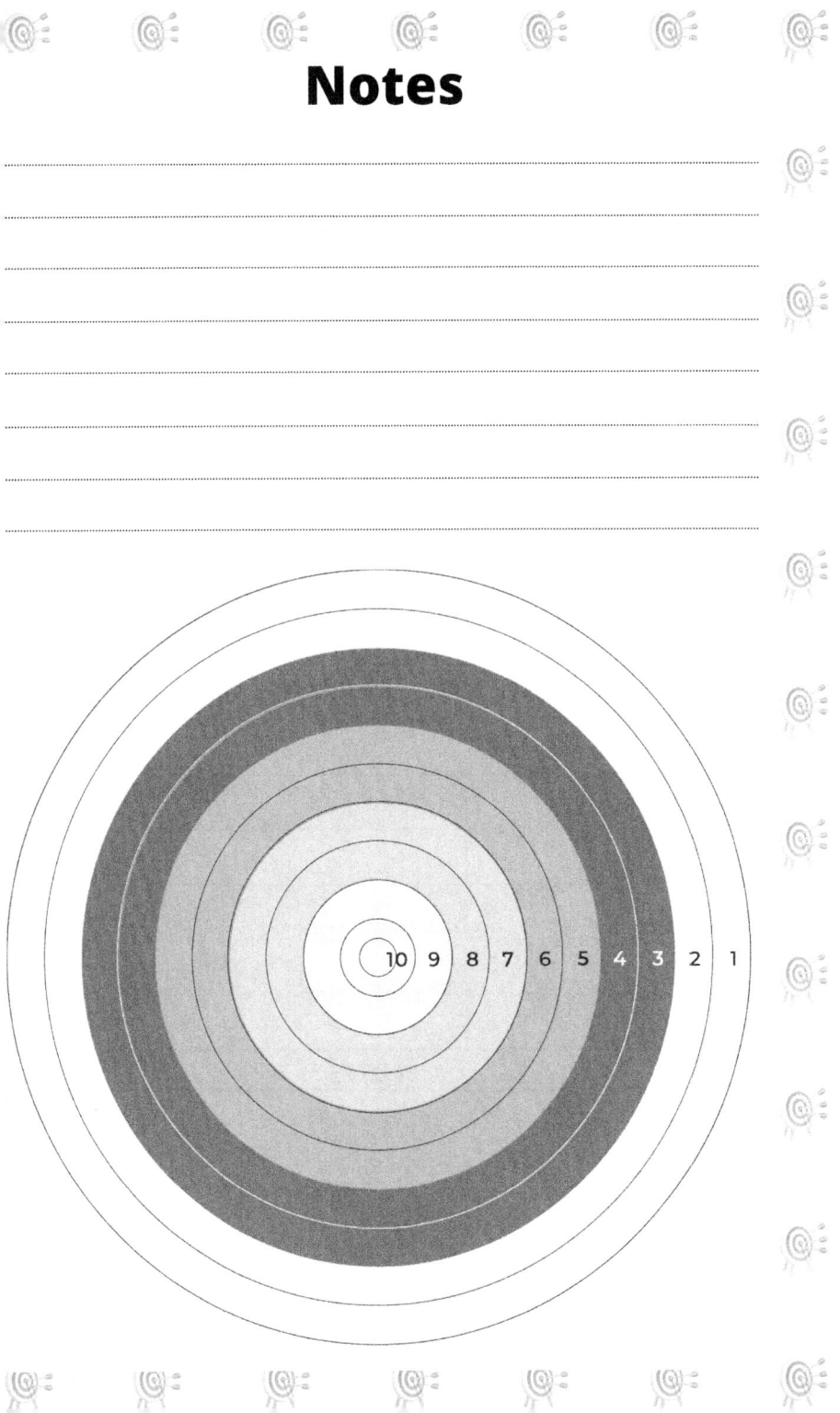

Notes

Sheet Score

DATE ☐ **DISTANCE(m)** ☐ **TARGET FACE (cm)** ☐

TEAM ☐ **TOURNAMENT** ☐

ROUND	ARROW 1	2	3	4	5	6	TOTAL

NOTES

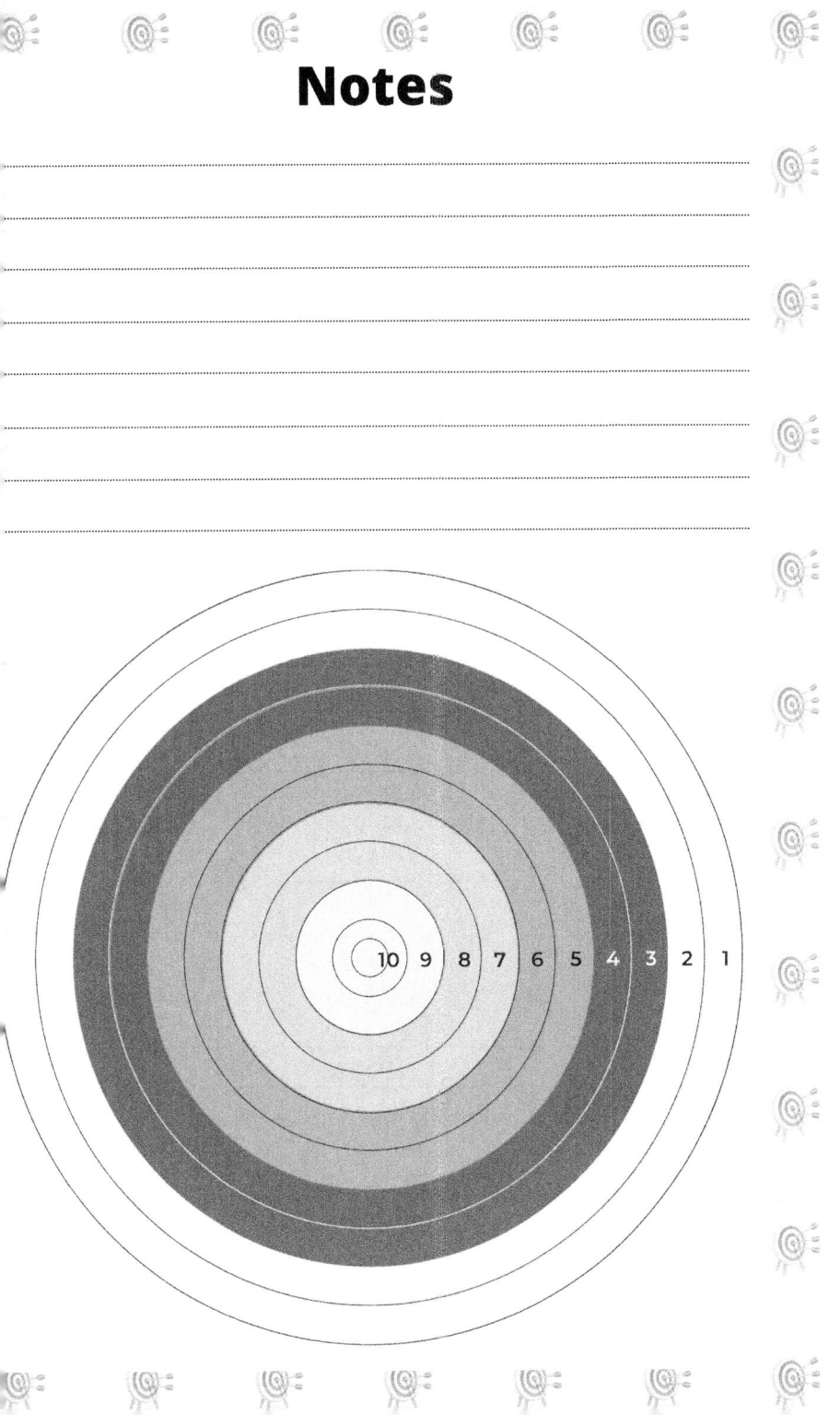

Notes

Sheet Score

DATE | **DISTANCE(m)** | **TARGET FACE (cm)**

TEAM | **TOURNAMENT**

ROUND	ARROW 1	2	3	4	5	6	TOTAL

NOTES

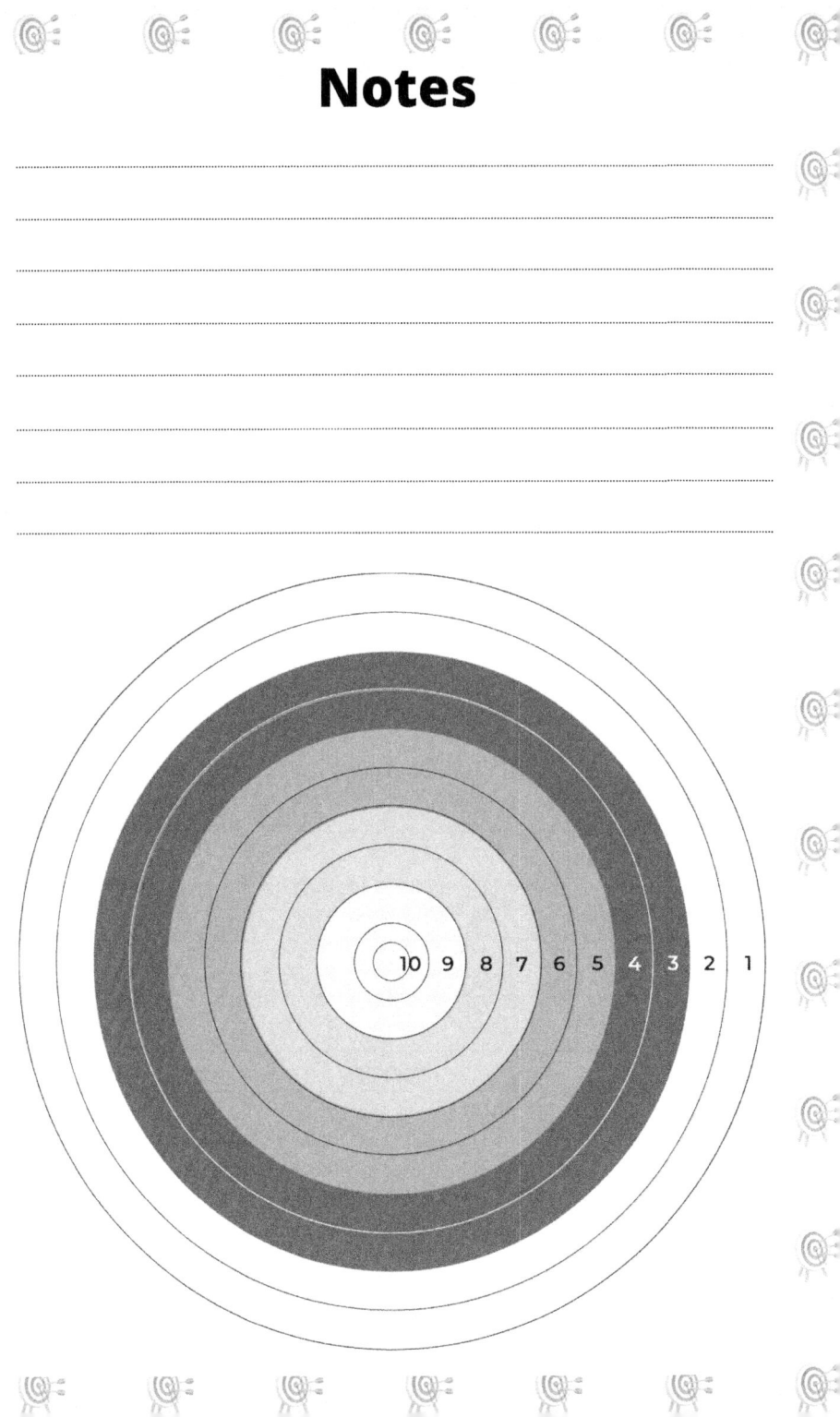

Notes

Sheet Score

DATE [ ] **DISTANCE(m)** [ ] **TARGET FACE (cm)** [ ]

TEAM [ ] **TOURNAMENT** [ ]

ROUND	ARROW 1	2	3	4	5	6	TOTAL

NOTES

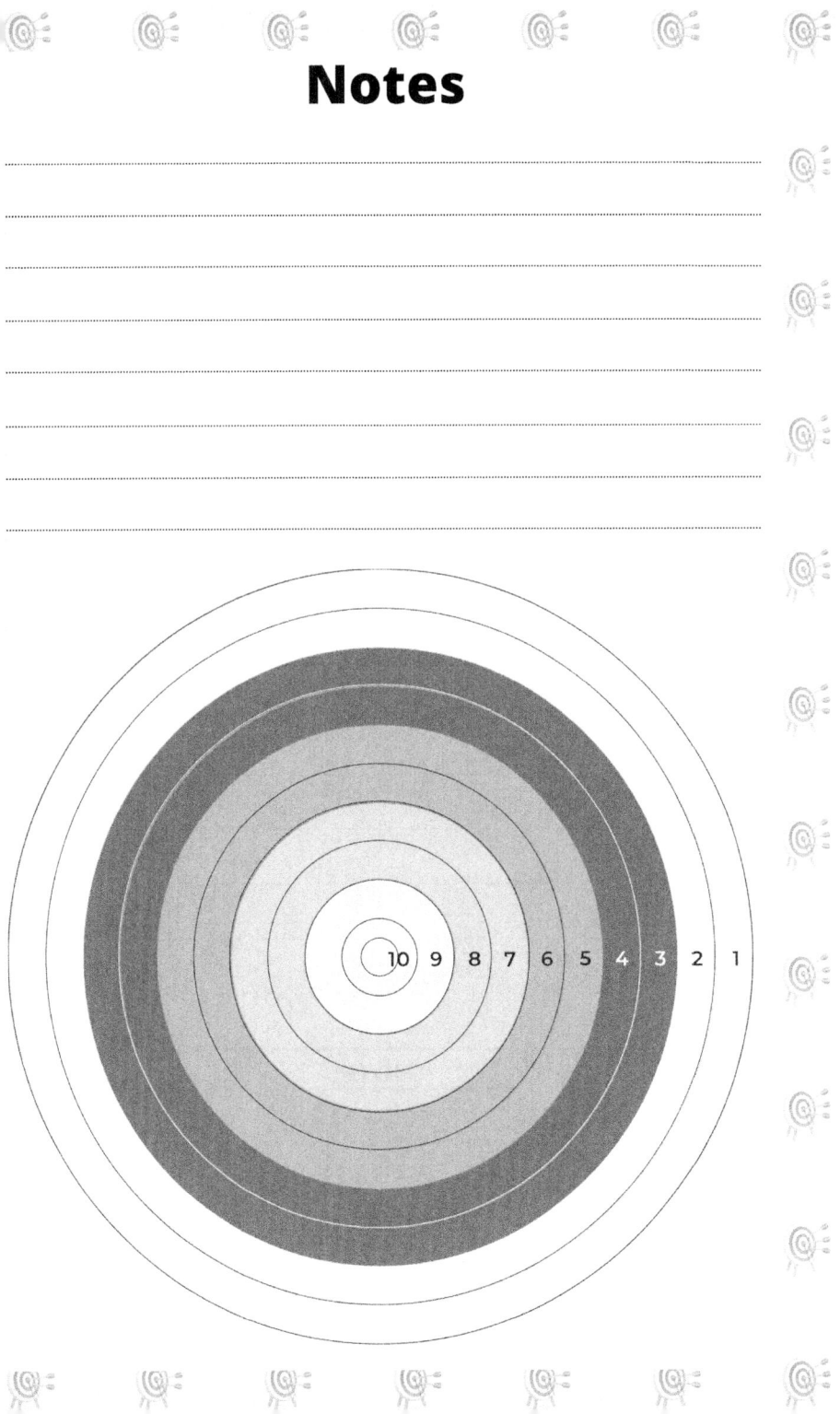

Notes

Sheet Score

DATE | **DISTANCE(m)** | **TARGET FACE (cm)**

TEAM | **TOURNAMENT**

ROUND	ARROW 1	2	3	4	5	6	TOTAL

NOTES

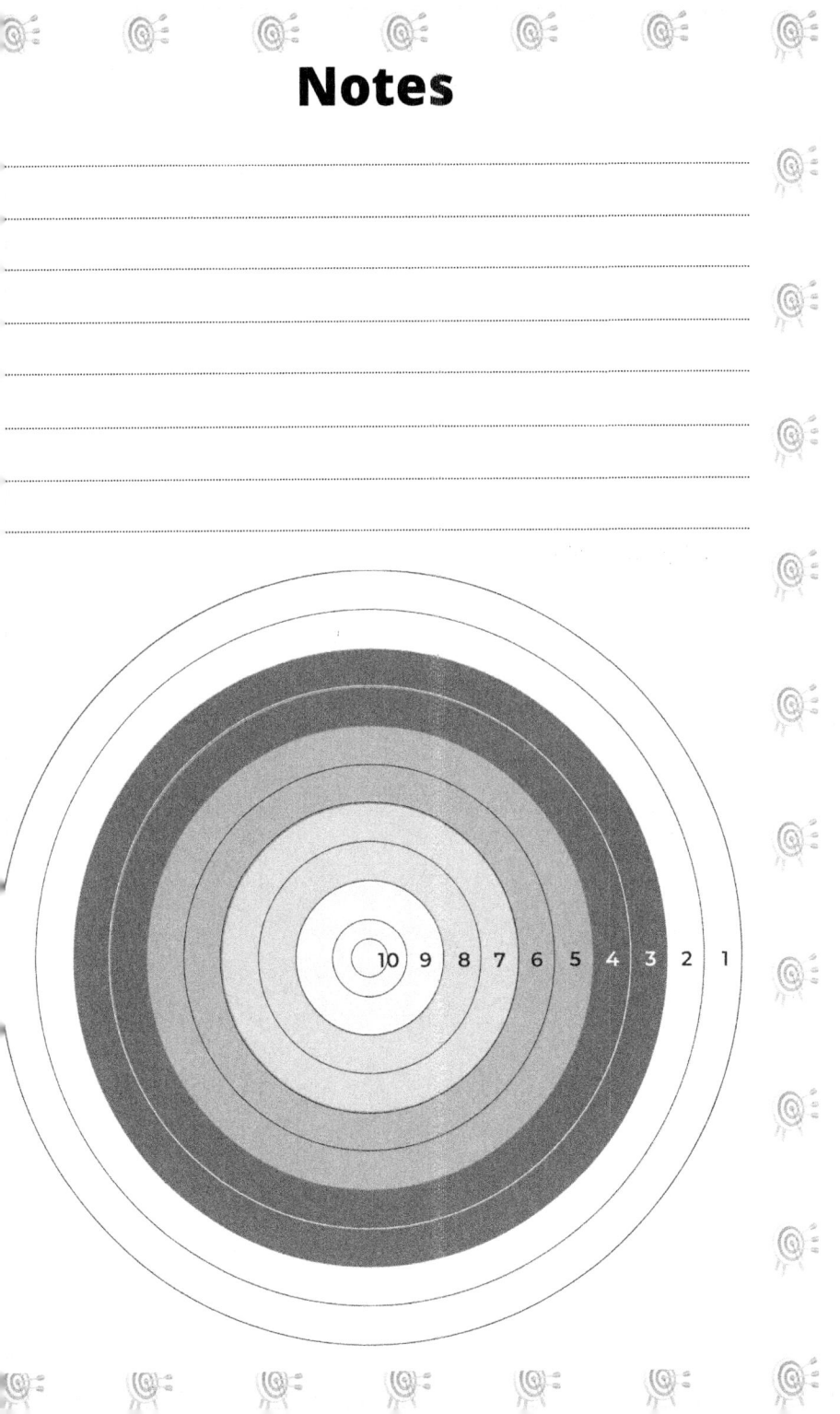

Notes

Material Inventory

Protective Equipment

- ☐ Breastplate
- ☐ Armguard
- ☐ wrist strap
- ☐ ......
- ☐ ......
- ☐ Shooting glove
- ☐ Chestguard
- ☐ Quiver
- ☐ ......
- ☐ ......

Equipment

- ☐ Feathers
- ☐ Notches
- ☐ Glue
- ☐ Remove Arrow
- ☐ Sight
- ☐ Targets Archery
- ☐ Tube Arrow
- ☐ String wax
- ☐ NOCK pliers
- ☐ NOCK-SET
- ☐ Arrow Rest
- ☐ Stabilizer
- ☐ Bag
- ☐ ......

- ☐ ...... ☐ ...... ☐ ......
- ☐ ...... ☐ ...... ☐ ......

Material Inventory

Protective Equipment

- ☐ Breastplate
- ☐ Armguard
- ☐ wrist strap
- ☐ ....
- ☐ ....
- ☐ Shooting glove
- ☐ Chestguard
- ☐ Quiver
- ☐ ....
- ☐ ....

Equipment

- ☐ Feathers
- ☐ Notches
- ☐ Glue
- ☐ Remove Arrow
- ☐ Sight
- ☐ Targets Archery
- ☐ Tube Arrow
- ☐ String wax
- ☐ NOCK pliers
- ☐ NOCK-SET
- ☐ Arrow Rest
- ☐ Stabilizer
- ☐ Bag
- ☐ ....

- ☐ .... ☐ .... ☐ ....
- ☐ .... ☐ .... ☐ ....

Material Inventory

Protective Equipment

- ☐ Breastplate
- ☐ Armguard
- ☐ wrist strap
- ☐ ....
- ☐ ....

- ☐ Shooting glove
- ☐ Chestguard
- ☐ Quiver
- ☐ ....
- ☐ ....

Equipment

- ☐ Feathers
- ☐ Notches
- ☐ Glue
- ☐ Remove Arrow
- ☐ Sight
- ☐ Targets Archery
- ☐ Tube Arrow

- ☐ String wax
- ☐ NOCK pliers
- ☐ NOCK-SET
- ☐ Arrow Rest
- ☐ Stabilizer
- ☐ Bag
- ☐ ....

- ☐ ....
- ☐ ....
- ☐ ....
- ☐ ....
- ☐ ....
- ☐ ....

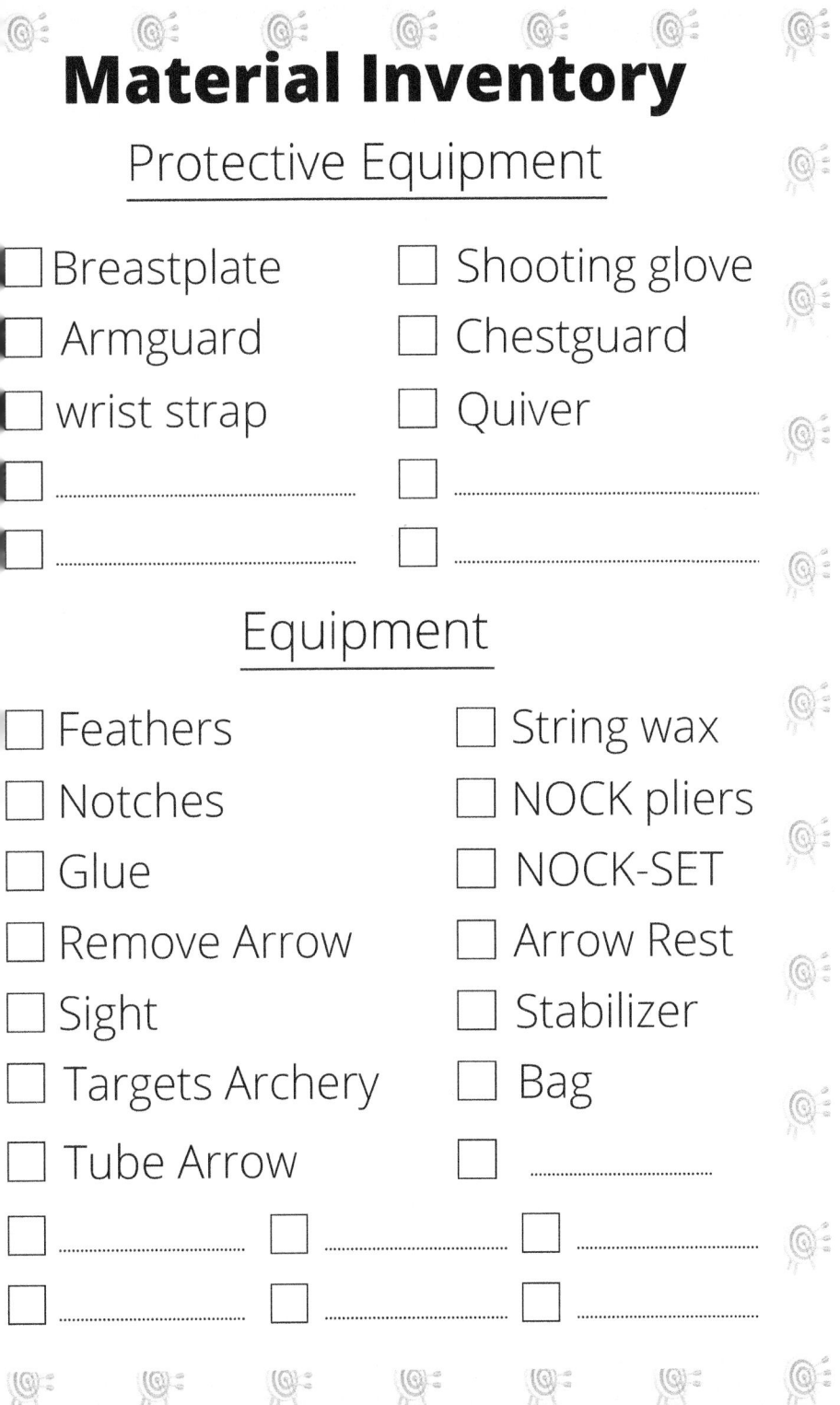

Material Inventory

Protective Equipment

- [ ] Breastplate
- [ ] Armguard
- [ ] wrist strap
- [ ] ....
- [ ] ....

- [ ] Shooting glove
- [ ] Chestguard
- [ ] Quiver
- [ ] ....
- [ ] ....

Equipment

- [ ] Feathers
- [ ] Notches
- [ ] Glue
- [ ] Remove Arrow
- [ ] Sight
- [ ] Targets Archery
- [ ] Tube Arrow
- [ ] ....
- [ ] ....

- [ ] String wax
- [ ] NOCK pliers
- [ ] NOCK-SET
- [ ] Arrow Rest
- [ ] Stabilizer
- [ ] Bag
- [ ] ....
- [ ] ....
- [ ] ....

Material Inventory

Protective Equipment

- ☐ Breastplate
- ☐ Armguard
- ☐ wrist strap
- ☐ ....
- ☐ ....

- ☐ Shooting glove
- ☐ Chestguard
- ☐ Quiver
- ☐ ....
- ☐ ....

Equipment

- ☐ Feathers
- ☐ Notches
- ☐ Glue
- ☐ Remove Arrow
- ☐ Sight
- ☐ Targets Archery
- ☐ Tube Arrow
- ☐ ....
- ☐ ....

- ☐ String wax
- ☐ NOCK pliers
- ☐ NOCK-SET
- ☐ Arrow Rest
- ☐ Stabilizer
- ☐ Bag
- ☐ ....
- ☐ ....
- ☐ ....

- ☐ ....
- ☐ ....

Material Inventory

Protective Equipment

- ☐ Breastplate
- ☐ Armguard
- ☐ wrist strap
- ☐ ....
- ☐ ....
- ☐ Shooting glove
- ☐ Chestguard
- ☐ Quiver
- ☐ ....
- ☐ ....

Equipment

- ☐ Feathers
- ☐ Notches
- ☐ Glue
- ☐ Remove Arrow
- ☐ Sight
- ☐ Targets Archery
- ☐ Tube Arrow
- ☐ String wax
- ☐ NOCK pliers
- ☐ NOCK-SET
- ☐ Arrow Rest
- ☐ Stabilizer
- ☐ Bag
- ☐ ....
- ☐ ....
- ☐ ....
- ☐ ....
- ☐ ....
- ☐ ....
- ☐ ....

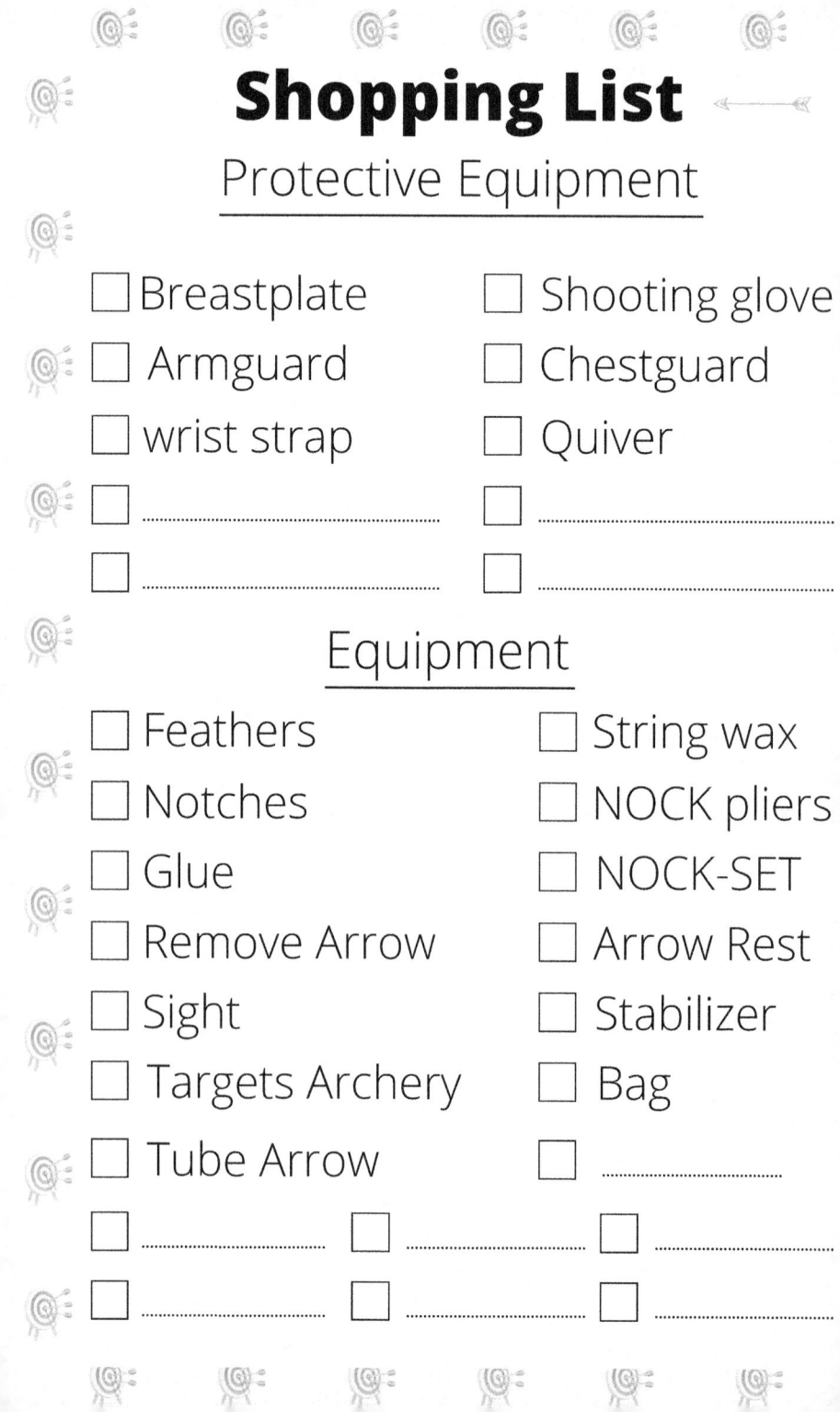

Shopping List

Protective Equipment

- ☐ Breastplate
- ☐ Armguard
- ☐ wrist strap
- ☐ ....
- ☐ ....
- ☐ Shooting glove
- ☐ Chestguard
- ☐ Quiver
- ☐ ....
- ☐ ....

Equipment

- ☐ Feathers
- ☐ Notches
- ☐ Glue
- ☐ Remove Arrow
- ☐ Sight
- ☐ Targets Archery
- ☐ Tube Arrow
- ☐ String wax
- ☐ NOCK pliers
- ☐ NOCK-SET
- ☐ Arrow Rest
- ☐ Stabilizer
- ☐ Bag
- ☐ ....
- ☐ .... ☐ .... ☐ ....
- ☐ .... ☐ .... ☐ ....

Shopping List

Protective Equipment

- [ ] Breastplate
- [ ] Shooting glove
- [ ] Armguard
- [ ] Chestguard
- [ ] wrist strap
- [ ] Quiver
- [ ] ....
- [ ] ....
- [ ] ....
- [ ] ....

Equipment

- [ ] Feathers
- [ ] String wax
- [ ] Notches
- [ ] NOCK pliers
- [ ] Glue
- [ ] NOCK-SET
- [ ] Remove Arrow
- [ ] Arrow Rest
- [ ] Sight
- [ ] Stabilizer
- [ ] Targets Archery
- [ ] Bag
- [ ] Tube Arrow
- [ ] ....
- [ ] ....
- [ ] ....
- [ ] ....
- [ ] ....
- [ ] ....
- [ ] ....

Shopping List

Protective Equipment

- ☐ Breastplate
- ☐ Armguard
- ☐ wrist strap
- ☐ ....
- ☐ ....

- ☐ Shooting glove
- ☐ Chestguard
- ☐ Quiver
- ☐ ....
- ☐ ....

Equipment

- ☐ Feathers
- ☐ Notches
- ☐ Glue
- ☐ Remove Arrow
- ☐ Sight
- ☐ Targets Archery
- ☐ Tube Arrow
- ☐ ....
- ☐ ....

- ☐ String wax
- ☐ NOCK pliers
- ☐ NOCK-SET
- ☐ Arrow Rest
- ☐ Stabilizer
- ☐ Bag
- ☐ ....
- ☐ ....
- ☐ ....

Shopping List

Protective Equipment

- [ ] Breastplate
- [ ] Armguard
- [ ] wrist strap
- [ ]
- [ ]
- [ ] Shooting glove
- [ ] Chestguard
- [ ] Quiver
- [ ]
- [ ]

Equipment

- [ ] Feathers
- [ ] Notches
- [ ] Glue
- [ ] Remove Arrow
- [ ] Sight
- [ ] Targets Archery
- [ ] Tube Arrow
- [ ] String wax
- [ ] NOCK pliers
- [ ] NOCK-SET
- [ ] Arrow Rest
- [ ] Stabilizer
- [ ] Bag

Shopping List

Protective Equipment

- ☐ Breastplate
- ☐ Armguard
- ☐ wrist strap
- ☐ ....
- ☐ ....
- ☐ Shooting glove
- ☐ Chestguard
- ☐ Quiver
- ☐ ....
- ☐ ....

Equipment

- ☐ Feathers
- ☐ Notches
- ☐ Glue
- ☐ Remove Arrow
- ☐ Sight
- ☐ Targets Archery
- ☐ Tube Arrow
- ☐ ....
- ☐ ....
- ☐ String wax
- ☐ NOCK pliers
- ☐ NOCK-SET
- ☐ Arrow Rest
- ☐ Stabilizer
- ☐ Bag
- ☐ ....
- ☐ ....
- ☐ ....

Shopping List

Protective Equipment

- [ ] Breastplate
- [ ] Armguard
- [ ] wrist strap
- [ ] ....
- [ ] ....
- [ ] Shooting glove
- [ ] Chestguard
- [ ] Quiver
- [ ] ....
- [ ] ....

Equipment

- [ ] Feathers
- [ ] Notches
- [ ] Glue
- [ ] Remove Arrow
- [ ] Sight
- [ ] Targets Archery
- [ ] Tube Arrow
- [ ] String wax
- [ ] NOCK pliers
- [ ] NOCK-SET
- [ ] Arrow Rest
- [ ] Stabilizer
- [ ] Bag
- [ ] ....

Notes

Notes

Notes

Notes

Notes

Notes

Notes

Notes

Notes

Notes

Printed in Great Britain
by Amazon